THE AWESOME WORD SEARCH ACTIVITY BOOK FOR

MINECRAFTERS

100+ Puzzles for Hours of Fun

Sky Pony Press
New York, New York

HOW TO USE THIS BOOK:

Find the hidden words in the puzzle and circle them. Words can be vertical, horizontal, diagonal, and even backwards!

Copyright © 2021 by Hollan Publishing, Inc.

Minecraft® is a registered trademark of Notch Development AB.

The Minecraft game is copyright © Mojang AB.

All rights reserved. No part of this book may be reproduced in any manner without the express written consent of the publisher, except in the case of brief excerpts in critical reviews or articles. All inquiries should be addressed to Sky Pony Press, 307 West 36th Street, 11th Floor, New York, NY 10018.

Sky Pony Press books may be purchased in bulk at special discounts for sales promotion, corporate gifts, fund-raising, or educational purposes. Special editions can also be created to specifications. For details, contact the Special Sales Department, Sky Pony Press, 307 West 36th Street, 11th Floor, New York, NY 10018 or info@skyhorsepublishing.com.

Sky Pony® is a registered trademark of Skyhorse Publishing, Inc.®, a Delaware corporation.

Visit our website at www.skyponypress.com.

10 9 8 7 6 5 4 3 2 1

Library of Congress Cataloging-in-Publication Data is available on file.

Cover artwork by Grace Sandford

Interior illustrations by Amanda Brack

Book design by Noora Cox

Print ISBN: 978-1-5107-6765-2

Printed in China

RESOURCES GALORE

D L V B P J B L Y Y E R
I G T D S L D T Y N P R
A N L L A T T L O R D X
M D Q O B M O T Z X L E
O J C M R W S N K M N N
N Y P Q X E P Q E O R D
D Y Q W L M D G T B D K
S P J B O L L S J W Y Y
K R B B O O D I R O N Q
R O M G W E D D L K K L
C M M D R T Y G Y N V G

WOOD   IRON   REDSTONE

COAL   GOLD   COBBLESTONE

STONE   DIAMONDS

SWORD ENCHANTMENTS

```
B J P S L N B T Y M T M Z D N D K
D A V W B R L C S M I T E G B T D
M T N E X D Z E B J N Q N W T M R
D W K E G B Z P K N N I D N Q N Z
B P V P O X W S R C K X T Z Y V N
J N G I Q F W A J A A G P J B L K
N T L N R P A E E J L B L T K G Z
J B J G M R P R W T S N K D G M M
Q B N E P N B I T H T P W C R G D
B D M D X N Z F A H L B Y R O M K
P M X G U M B R T R R O R V M N G
K X G E B T P W J Y T O O D N T K
M M D D L N X P T R R Q P T M N G
L D T T E Q Q Z T J Y B J O I B M
L D Z S Y G G L D X Z V L P D N P
T W S D Z R W R J K Y W N Z M S G
```

BANE OF RTHROPODS   LOOTING   EDGE

FIRE ASPECT   SHARPNESS   UNBREAKING

KNOCKBACK   SMITE SWEEPING

ARMOR ENCHANTMENTS

```
B L A S T P R O T E C T I O N
Z J Q R E K L A W T S O R F G
S L U Z N R G L Y K W S X N L
N B A D Z O B L P L O R I W B
R D A M E Q I L J U Q L X P Y
O X F G D P X T L X L L R K P
H V F J R B T S A A L O Q D P
T P I J L T P H F R T B B J Z
M M N N M E Y R S E I D M T G
J X I Y E V E P C T P P L D T
R W T D Y H J T L J R P S N L
M Q Y M T M I K Q L Z I K E J
L R W A K O N T Z Z T D D Y R
T B E Y N Q B M B R R R K E N
L F B P D N W Y T M R L W J R
```

AQUA AFFINITY

BLAST PROTECTION

DEPTH STRIDER

FEATHER FALLING

FROST WALKER

PROTECTION

RESPIRATION

SOUL SPEED

THORNS

CROSSBOW AND BOW ENCHANTMENTS

U	B	P	V	L	Y	V	D	Y	T
N	N	L	O	D	Z	G	D	O	Q
I	K	B	T	W	Y	V	H	N	G
N	Q	Y	R	D	E	S	X	N	N
F	J	R	M	E	I	R	I	G	L
I	P	T	M	T	A	C	M	H	M
N	Y	A	L	K	R	K	C	V	D
I	L	U	P	E	Q	N	I	X	N
T	M	Q	I	D	U	M	Q	N	D
Y	P	P	D	P	T	Q	J	T	G

FLAME   PUNCH   PIERCING

INFINITY   UNBREAKING

POWER   MULTISHOT

TOOLS FOR MINECRAFTERS

```
F I S H I N G R O D M W
X N T B P S B K Q Z J Z
K Q B R I Y H D R R S G
G V M L C R G E G S Q M
K B Z T K L N V A B D L
R C K D A E L P U R E M
Q M O H X L M C T V S N
D Y O L E O K B O R D N
N E T M C E L H Z V X V
X M D V T Z S D D V W P
```

SHEARS	SHOVEL	FISHING ROD
BUCKET	CLOCK	HOE
PICKAXE	COMPASS	LEAD

ARMOR 101

L M N R Y J X L Y M L C T
R E H T A E L D Z Z H U K
L T L W X D M G P E R N I
L E G G I N G S S T D R Z
H M G D B L N T L N O S Q
S E X T G Y P E O N T B W
C D L T Q L S M D O B D M
U D D M A H A Y O L B D L
T P J T E I T B D K O N N
E R E L D T R R J K R G N
P V L G Y X J T Z M X L Y

HELMET   DIAMOND   TURTLE SHELL
CHESTPLATE   GOLDEN   SCUTE
LEGGINGS   IRON
LEATHER   BOOTS

8

BIOMES TO EXPLORE

```
L W R B M T W M T M L T Y
T L Y I V O L G B N S Z K
P T R N V R U E J E Y J D
Y T P P B E L N R T N Z G
L R U T L G R O T Y Z Y L
Q O Z N N A F N N A M J P
D B C U D T I J R Y I M J
B E J E F R D N M B A N L
T A I G A I A B S W N Q S
T C J Z G N E B S L Y T M
J H M B W L K L Q D T M D
Y R D X T J D Z D D M Z M
Q D K Q P T D L X S Z N N
```

JUNGLE   PLAINS   OCEAN

MOUNTAINS   FOREST   BEACH

TUNDRA   SWAMP   FIELDS

TAIGA   RIVER

BREWING

```
F E R M E N T E D S P I D E R E Y E
T Y M K M Q R J D Y N Z B N N L D L
Y L P L X T R T K N D D M K L G M Y
W N O G N N Y T X N D D M D M V N D
N R T J L M C M M A G M A C R E A M
Y R I B Y A N A T Y L Y W R M W Q T
L T O M L Z S S U M M N M G D J M T
X G N P X A G S M L N D R T Z K M L
J K S N N Z K B D W K R W K M Y
Q Z Z L I T B E Z O R R A T W G Z J
X D T W G N J V P Z T E O R Y K P L
L N E V G J B Z L O T T G N B L G Z
N R N J W V N Z R T W R L M X M L Q
B G X G K L R Z S X K D L E L Q R P
W N B Z Y G J A V Y L M E K Z L Q W
R B J M G M H T R L Q J Z R L T D M
Z R L W R G X T T W L Y M X V X G D
```

BREWING STAND	POTIONS	BLAZE POWDER
CAULDRON	GLASS BOTTLE	MAGMA CREAM
GHAST TEAR	FERMENTED SPIDER EYE	

MODES OF PLAY

H E L O S N O C G N I M A G
L A M U L T I P L A Y E R D
A K N R R D L M Y G Y K R V
P L A D M Q B A W B V X R L
T P L D H W B C V X B R Q T
O T T E V E R Q N I O Z R X
P P L D R E L J B T V J T J
B V J M A O N D A G Y R Z L
B W N T O D C T D T W Z U V
Q R I M N R C D U E J J M S
Q V E W V E L W R R V G D T
E D P Z P Z N Y G A E I P W
R M W S L V T D R B H M C W
K B R Y Y P T W R T D J L E

SURVIVAL   HARDCORE   HANDHELD DEVICE

CREATIVE   MULTIPLAYER   GAMING CONSOLE

ADVENTURE   DEMO

SPECTATOR   LAPTOP

 # HOSTILE MOBS

```
G  S  K  E  L  E  T  O  N
E  U  X  Z  Z  V  B  K  L
V  J  A  A  O  K  Y  D  T
O  W  L  R  S  M  E  L  Y
K  B  I  U  D  N  B  T  R
E  V  H  T  W  I  S  I  N
R  T  Z  O  C  A  A  R  E
V  J  R  L  H  H  Z  N  R
R  D  V  G  R  Q  T  D  X
```

BLAZE	GHAST	SKELETON
DROWNED	GUARDIAN	WITCH
EVOKER	HUSK	ZOMBIE

PASSIVE MOBS

```
V I L L A G E R X H
X M O C E L O T S G
H P O X D P Z I I N
S O Z O E W F P E G
Q B R E S R D K Z G
U P H S E H C R J T
I S K F E I R B A T
D J F Q H J K O X J
L U T C Z Q K X O P
P T W Y B Y R J Z M
```

VILLAGER   SHEEP   MOOSHROOM

PUFFERFISH   PIG   CHICKEN

OCELOT   BAT

SQUID   HORSE

 # NEWISH MOBS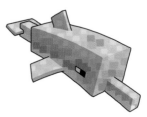

```
D  L  T  O  L  O  X  A  G  W
Q  I  R  E  G  A  L  L  I  P
D  D  U  P  L  A  N  R  N  M
N  O  M  Q  D  L  E  G  R  V
E  G  L  N  S  G  A  E  V  T
D  L  A  P  A  W  D  M  F  T
R  P  Q  V  H  A  O  O  A  B
A  G  A  Y  R  I  X  L  K  L
W  R  N  T  V  J  N  J  G  Z
```

AXOLOTL	RAVAGER	FOX
WARDEN	PANDA	DOLPHIN
GLOW SQUID	TRADER	
PILLAGER	LLAMA	

CLASSIC MOBS

E	N	D	E	R	D	R	A	G	O	N	E
I	O	N	J	W	R	L	W	J	N	N	B
R	T	R	M	X	V	T	E	J	D	T	D
O	E	Z	E	B	G	I	T	E	D	G	B
N	L	B	Z	G	B	Z	R	Q	G	R	L
G	E	L	K	M	A	M	K	T	V	T	Y
O	K	Q	O	L	A	L	B	Z	S	L	Z
L	S	Z	D	N	M	R	L	A	N	T	T
E	N	J	M	Q	N	V	H	I	M	D	B
M	N	G	X	Y	J	G	T	N	V	L	L

ZOMBIE   ENDERMAN   IRON GOLEM

GHAST   SKELETON

ENDER DRAGON   VILLAGER

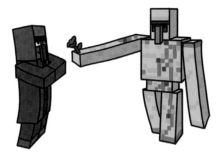

MINECRAFT DUNGEONS

```
R  T  L  E  V  E  L  T  E  R  C  E  S
E  Y  S  S  O  Y  M  X  K  X  N  L  J
G  W  T  E  T  R  M  L  Q  C  V  T  W
A  C  G  I  H  C  B  V  H  Q  J  L  D
L  N  R  T  S  C  A  A  L  T  W  Y  K
L  B  K  O  A  O  N  F  W  R  M  V  X
I  D  J  R  S  T  R  E  I  Y  M  J  T
H  Q  M  J  M  S  L  T  D  T  J  X  W
C  O  R  E  T  L  B  D  S  D  R  Q  P
R  T  N  R  O  Q  M  O  Q  N  I  A  K
A  T  Z  P  O  D  V  K  W  B  O  H  Z
S  T  M  Z  L  R  G  Y  L  N  W  M  R
```

ARCH-ILLAGER	ENCHANTMENTS	ORB
CROSSBOW	LOOT	MONSTROSITY
ARMOR	HIDDEN CHEST	
ARTIFACTS	SECRET LEVEL	

ANIMALS

D	H	G	C	A	T	G	T	T	T
O	L	O	J	Q	T	W	W	T	L
N	L	A	R	I	P	E	E	H	S
K	A	T	B	S	A	D	N	A	P
E	M	B	C	G	E	W	O	L	F
Y	A	M	N	O	I	B	Y	D	Y
R	V	M	D	K	W	P	N	M	K

WOLF   COW   LLAMA

RABBIT   GOAT   CAT

HORSE   SHEEP   PANDA

DONKEY   PIG

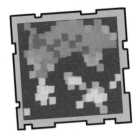

MODS

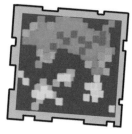

```
C  O  N  T  R  O  L  L  I  N  G  N  Z  W
T  C  T  N  R  V  D  N  L  X  B  Y  J  W
F  A  A  Z  W  K  W  Z  X  U  M  O  O  G
A  N  Z  T  Y  Q  G  Y  I  J  U  B  D  Y
R  D  D  D  E  N  Q  L  L  R  R  L  L  K
C  Y  R  V  D  R  D  W  N  E  O  D  L  V
O  C  Y  M  T  C  P  E  V  T  K  N  V  K
I  R  M  B  R  J  Y  I  S  N  R  Y  Z  Z
L  A  Z  A  N  M  U  O  L  B  Y  J  K  T
B  F  F  J  A  Q  M  R  X  L  P  L  M  N
I  T  R  P  R  O  X  Z  L  J  A  M  T  J
B  D  N  Q  B  J  R  R  R  B  Q  R  Y  Y
Q  D  M  S  X  Y  Y  M  J  N  J  V  Q  L
```

CANDYCRAFT	CONTROLLING	LOTSOMOBS
BUILDCRAFT	JOURNEYMAP	BIBLIOCRAFT
CATERPILLAR	QUIVERBOW	

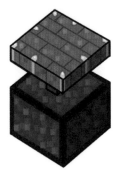

REDSTONE DEVICES

B	R	O	T	A	R	A	P	M	O	C	R	P
D	I	S	P	E	N	S	E	R	N	E	I	R
R	O	K	L	L	G	Y	E	O	P	S	A	B
O	W	O	A	N	J	P	T	E	T	I	Y	G
P	L	M	R	R	P	E	A	O	L	Y	Y	D
P	P	P	B	O	B	T	N	S	G	L	R	Q
E	R	D	H	L	E	N	B	Y	T	A	V	Y
R	D	J	O	R	Y	Y	N	D	M	T	T	R
R	G	C	Q	B	W	L	Q	X	R	L	B	E
X	K	M	L	N	X	X	J	M	Z	W	D	X

DOOR   DROPPER   RAILS

GATE   DISPENSER   REPEATER

LAMP   HOPPER   COMPARATOR

PISTON   NOTE BLOCK

GAMING ACRONYMS

X W M O G T K
A G B F B L D
F D L T G G Z
K M L R W G W
D Y J C B M W
Q V B D Y T D
N P C Y F Z T

AFK   GG   OMW
DLC   DC   WTB
FTW   LFG

 # POTIONS

```
I N M Y L N K J J G R G W
N R E G E N E R A T I O N
V V C G H G K T B L R S Y
I H N S W T M G E Y S R W
S E A X W Z G A N E R P J
I A T R P I P N N M O Y B
B L S D M I F W E I B N M
I I I J N I O T S R L R Y
L N S G M L N O N B T Y P
I G E V S M N G J E Y S G
T P R Y W N P V V N S D T
Y X X T B D W J Z N P S Y
```

HARMING	POISON	STRENGTH
HEALING	REGENERATION	SWIFTNESS
INVISIBILITY	RESISTANCE	
LEAPING	SLOWNESS	

FURNITURE

S T A I R S M M E
I W F I D B L C E
G T A E R N A S R
N H D B N L A N B
C W E V P C T R T
Y L B E K J E A G
J L R O Y J B B B
B I O Y D L X L J
F B X V E T N Y N

CHAIR   FIREPLACE   STAIRS

TABLE   BOOKCASE   FENCE

BED   SIGN

WITCHES

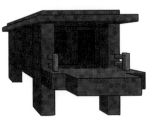 

```
O  V  E  R  W  O  R  W  O  R  L  D  R
S  S  E  N  K  A  E  W  E  N
L  Y  H  Y  O  P  L  G  Z  Y
O  G  M  O  M  S  E  V  P  J
W  G  N  A  S  N  I  O  Z  H
N  M  W  I  E  T  T  O  S  M
E  S  G  R  M  I  I  A  P  S
S  Q  A  M  O  R  L  L  T  Q
S  T  Y  N  Y  P  A  U  E  J
E  J  S  Q  S  X  H  H  N  N
```

HOSTILE	SPLASH	POISON
SWAMP	POTIONS	HARMING
HUTS	WEAKNESS	REGENERATE
OVERWORLD	SLOWNESS	

 # VILLAGERS

```
C A R T O G R A P H E R S
S R L C L E R I C V P L
D E R I Z N L K I J F T
L H J D B M I S X A Z R
A C K E O R S T R J L R
R T Y B D A A M W G L Z
E U S R P A E R N I Y D
M B K B X R R W I T T T
E B B G K D L T O A J D
T R J Z D K G M R R N D
B D J J R Q T N Z T K Q
```

PASSIVE   EMERALDS   LIBRARIAN

MOBS   NITWIT   FARMER

WORK   BUTCHER   CARTOGRAPHER

TRADE   CLERIC

MINING

```
S  T  X  Y  K  L  W  Y  R  D  D
T  Y  T  I  L  I  B  A  R  U  D
F  S  L  D  S  L  J  S  O  R  E
A  H  B  A  N  E  P  B  P  L  M
H  O  L  B  Y  E  V  I  X  G  Q
S  V  D  Y  E  E  C  A  R  N  L
E  E  G  D  M  K  R  G  C  D  M
N  L  Q  R  A  R  K  S  D  Y  P
I  K  J  X  Z  R  M  J  R  V  Z
M  M  E  T  D  K  T  Z  L  L  D
```

PICKAXE   ORE   DURABILITY

MINESHAFTS   SHOVEL   LAYERS

CAVES   SPEED

GAME OVER

```
P L I G H T N I N G D E M L
K O E V R A T S N N T X D M
C F T B N T Z W R A Y B T L
A A G I N W O W C L O D B B
T L N T O R Q O V M F I R E
T L I M D N F D E N D J D P
A D T G L F E L M R N X Z X
F A S M U G I F A J V T J L
L M E S N T L G F Y J J J R
O A E L S K O J Z E W Y Y L
W G B O T N D Z Q B C N X G
X E H M Q N P V G B D T Y M
```

WOLF ATTACK	FALL DAMAGE	HOSTILE MOB
FIRE	SUFFOCATE	TNT
DROWN	BEE STING	STARVE
DRAGON	POTION EFFECT	LIGHTNING

MINECRAFT AQUATIC

```
N A U T I L U S S H E L L S
H E A R T O F T H E S E A D
S T S E L K C I P A E S X W
H S U P C Q L D K S V D G P
I S R R Z O D A T Y R Y Z J
P A N V T Y N N R O R J Y L
W R K I Z L E D W O B Q R D
R G S Y H D E N U W C T R R
E A L N I P E E Z I R R M X
C E D R I D L N G Y T K Z L
K S T R S U R O D G D S Z B
S K D P T W R M D M S V M J
```

CORAL

DOLPHINS

TRIDENTS

SHIPWRECKS

DROWNEDS

NAUTILUS SHELLS

TURTLE EGGS

CONDUITS

RUINS

HEART OF THE SEA

SEAGRASS

SEA PICKLES

YOUTUBERS

```
T H E S Y N D I C A T E P R O J E C T
D S D A N T D M V N S P R M Z R Y P D
R B K L M B Q P Y O J J M E W T B T D
E D D Y W N G T M S T V L L M N D L M
A G R G D N Q M Z T S K Q N J D L G L
M P G X Y O R N B T R U N J A B M W T
Z K P J Y A E Y M A X N E K J V R G
M W D L L J N S P M K Q H D L M W Y L
R T X U J T D S E Z M G L T E D L X B
D A P P P V N K V V N D Y Q R E L W D
J O L Y R I B W R O E K G Y R Z V B T
P G Y I A E Y N L D N R D P K K N T D
T W L T A B S Y D D P X Y P V R G D D
B G P B K G P T Z Y L R X T T Y N N Z
N A D X Y M N Q O L N N D D H D M L K
C Z N Q A T X W Z N R Z R K R I W M P
M Y R T K N D Q V P T T M P M Z N Z X
P Y S W R P D G D N W L K N Q N B G Q
```

DANTDM   CAPTAIN SPARKLEZ   PROJECT

ALI A   PRESTON   STAMPYLONGHEAD

POPULARMMOS   DREAM   SKY DOES EVERYTHING

SSUNDEE   THE SYNDICATE

THE END

```
C M X R O R D Y V V Y T P Y
E E P E Y B N R K Q T G S
N N N M N D S R A G K D M
D D Y T B D Y I D G N J R
C S A V R D E L D A O E X
R T Y I Y A A R L I D N N
Y O E Y R T L S M N A T L
S N M N R B I I E E N N G
T E D O D R L F S G N T P
A J P D E P O O N L R P N
L J Y T X E O V C Q A T T
V L U Q Y B L E T K X N D
M O N E R B M L M K S J D
```

PORTAL

EYE OF ENDER

ENDERMEN

DRAGON

END STONE

OBSIDIAN

CENTRAL ISLAND

END CRYSTAL

OUTER ISLANDS

END POEM

AIR BLOCKS

THE NETHER

```
N N N D J T J P Z M Z W M T D T
E G I Q Z J R N Q D Q N L N Z W
T L E L X S M W D Z M T C R I B
H O B N G L T B D D D R K T B V
E W U L K I M R M T I T H M L X
R S C M M X P Q I M J E T N Z R
F T A M B Q D D S D R L E B N Z
O O M L A V A O E S E T J I K L
R N G K G Q N M K I H R L Y M W
T E A M Y F J E L E F G M W N K
R J M L O V L X R N O I E T P R
E R R R Y E N W T H K Z B P M Q
S Z E L T T A L Z T A Q K M N M
S S V O Z R T D K L Q L Y T O M
T R N J T P P N B B L Z Y L Z Z
```

NETHER WART	CRIMSON FOREST	STRIDER
ZOMBIFIED PIGLIN	NETHER FORTRESS	HOGLIN
LAVA	BLAZE	WITHER SKELETON
GLOWSTONE	MAGMA CUBE	

CREATIVE BUILDS

N	X	R	D	W	Z	D	Z	R	L	W
I	L	I	B	R	A	R	Y	I	T	L
A	B	L	N	J	K	L	G	L	L	N
T	M	E	S	U	O	H	E	E	R	T
N	D	U	P	S	T	L	G	R	A	Z
U	O	G	E	H	T	D	D	R	R	M
O	C	K	O	S	I	A	C	Y	Z	J
F	K	U	A	R	U	H	T	G	L	D
P	S	C	B	Y	M	M	R	U	K	K
E	J	R	L	M	D	X	J	N	E	L

TREE HOUSE	STATUE	FOUNTAIN
CASTLE	LIGHTHOUSE	ARCH
MUSEUM	BRIDGE	
LIBRARY	DOCKS	

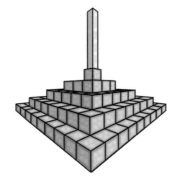

EPIC BUILDS

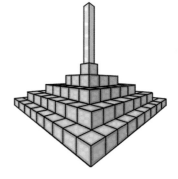

```
R O L L E R C O A S T E R T E R
E E L C I N A T I T L P M
D P T A Q Z D L L Y Y B Y
I A E Q R T L B D R B N
L C M M R D X L A M R N P
S S P J Y J E M J R Y D B
R Y L Y G M I H E D Z N X
E T E P G D L W T Q N J Y
T I Q V P E O G P A L X Y
A C X D N T Z G Z R C Z X
W T Z Y N W N A R B G K L
L R D B N T K M M R Z D P
```

TOWER	TEMPLE	WATER SLIDE
PYRAMID	MAZE	CITYSCAPE
CATHEDRAL	ROLLER COASTER	TITANIC

 # TRANSPORTATION

```
E  M  I  N  E  C  A  R  T  S  M  Y
M  N  Y  E  K  N  O  D  H  E  R  Q
H  X  D  T  Q  E  T  U  L  L  N  M
O  Y  R  E  L  X  L  U  K  Y  V  D
R  T  L  Y  R  K  M  M  R  D  V  L
S  E  T  R  E  C  H  A  N  N  E  L
E  R  P  R  Q  T  H  A  M  A  L  L
A  G  B  P  A  P  T  E  Y  J  N  Y
D  O  B  O  O  Q  Y  R  S  Y  M  N
X  N  B  J  Z  H  L  L  L  T  G  R
```

MINECART   LLAMA   ENDER CHEST

BOAT   DONKEY   SHULKER BOX

ELYTRA   MULE

HORSE   CHANNEL

THE HISTORY OF MINECRAFT

```
N  C  A  V  A  J  G  G  M
O  G  A  W  G  N  L  I  Z
S  X  R  V  A  K  C  X  M
R  T  O  J  E  R  P  A  G
R  L  O  B  O  G  R  P  H
E  M  M  S  D  K  A  C  P
P  G  O  T  U  N  T  M  J
N  F  G  S  Z  O  A  V  E
T  N  J  Y  N  N  R  S  P
```

NOTCH   CAVE GAME   SANDBOX

MARKUS   MOJANG   MICROSOFT

PERRSON   JAVA

FISHING

```
H M G J M L L E R G
Z S B D V R R T N J
R K I L I U L I M M
Y Q U F S U L D Q D
N R J A R E Q B O Q
E O E N E E O S M R
K R M R T B F D G B
T N L L B Y D F V Y
L R U E A Z O M U J
R N R J T S C T D P
```

ROD   SALMON   TREASURE

BOBBER   PUFFERFISH   JUNK

LURE   SQUID

COD   REELING

WHY PARENTS LOVE MINECRAFT

G	N	I	V	L	O	S	M	E	L	B	O	R	P
E	S	Y	T	I	V	I	T	A	E	R	C	A	L
C	E	O	N	L	T	E	A	M	W	O	R	K	L
N	G	N	C	N	E	W	D	Z	J	C	T	D	N
E	V	N	G	I	B	A	V	E	H	W	Q	P	L
D	Z	N	I	I	A	Q	R	I	S	T	Z	X	J
N	Y	J	W	D	N	L	T	N	X	I	N	L	T
E	W	Q	D	Z	O	E	S	X	I	Y	G	M	Z
P	D	R	X	V	C	C	E	K	G	N	J	N	D
E	T	R	V	T	V	Q	M	R	I	D	G	X	R
D	M	Z	U	M	J	P	X	D	I	L	L	N	K
N	M	R	K	L	J	L	M	T	J	N	L	J	Y
I	E	M	J	L	J	D	D	L	K	B	G	S	W

PROBLEM SOLVING   INDEPENDENCE   DESIGN

LEARNING   ENGINEERING   SOCIAL SKILLS

TEAMWORK   ARCHITECTURE

CREATIVITY   CODING

WHY KIDS LOVE MINECRAFT

```
C O M P E T I N G D D Y X M Y E
N P Z P X G T N Z A L D W T D T
K D W Q X R T L B N R M L O N J
Y B J N G N L M J G Y Z M D Y M
Y B Q M D S N K Y E T R L P M R
X X J T D C Y Y D R E B Z N R T
X R M L L N H R P Y W Q L Y V T
L M I W P J K A A L B N G N R N
T U G M M D L L L A A Z T G Y N
B T D N X R P B T L N Y M M L P
Y D L Q I I R T Y Y E W I G Y J
L T R P T N L M J T R X N Y R
N B L L J E N V P T W W G R G R
K M U M S N M I G P Q K Q E B D
T M Y T R X T N W M B M X Z S D
```

BATTLES   MULTIPLAYER MODE   PLAYING

BUILDS   WINNING   CHALLENGES

DANGER   COMPETING

 # CONTAINERS

```
L  M  Y  R  G  B  J  W  T  N  X  B  L
D  R  E  T  E  N  D  L  D  O  N  L  V
Q  N  X  N  Y  S  T  R  B  Z  Z  R  G
B  Y  A  D  N  N  R  O  E  L  T  P
N  Q  K  T  R  E  E  E  C  P  P  R  J
Z  Y  P  M  S  K  R  A  P  Y  P  C  M
Q  T  K  L  L  G  N  C  V  S  H  E  H
J  K  J  U  Q  R  N  L  H  E  I  O  R
B  T  H  P  U  T  Q  I  S  E  P  D  Z
B  S  L  F  V  T  Q  T  W  P  S  D  B
W  M  P  M  G  G  P  Q  E  E  R  T  K
B  T  M  R  X  Z  R  R  R  R  Z  R  G  N
D  M  Z  T  D  D  Q  D  T  G  M  B  W
```

BREWING STAND   FURNACE   SHULKER BOX

CHEST   HOPPER

DROPPER   ENDER CHEST

PLANTS

S E A G R A S S S K
T O O R T E E B S
L X C S M G D G N
B I S A R D N J A
A O L A C I J Z X
M R S Y L T A V F
B S T P P L U E M
O G A K E A R S X
O S Z A G N D J D

CACTUS   FERN   SAPLINGS

BEETROOT   MOSS   SEAGRASS

GRASS   LILY PAD

BAMBOO   AZALEA

WEAPONS

F	G	D	R	O	W	S	R
I	N	T	J	M	A	T	T
R	I	R	R	X	W	R	P
E	M	A	E	L	I	O	A
B	R	P	T	D	I	R	B
A	A	S	E	S	R	T	Z
L	H	N	O	O	N	T	P
L	T	N	W	T	M	X	X

SWORD   HARMING   TNT

BOW   AXE   TRAPS

ARROW   TRIDENT

POISON   FIREBALL

FLOWERS

```
R E W O L F N U S G E X M
Q P J D L R J G L S B V T
G V N Z N J B G O Q M M M
Q D R L C D T R B Q B U D
Y D M E L A R Q D R I P N
P R W K W E L A J L V W R
P X Y X H O N I L B R R Q
O M P T T D L A L V Q T B
P N I E E T N F Y D U W L
W W L L O Y Q J N L L X P
G T I N D N D I R Z Y Y
D O V Y T L Y P B N O L L
N N L J K V T T L L Z C V
```

POPPY   SUNFLOWER   DANDELION

ALLIUM   LILAC   TULIP

WITHER ROSE   PEONY   CORNFLOWER

POCKET EDITION

P	H	O	N	E	B	T	V	X	Q	T	B	X	S
S	E	S	A	H	C	R	U	P	P	P	A	N	I
Y	P	D	D	L	Y	Y	M	P	S	T	I	N	X
X	L	P	D	T	Y	Y	T	C	M	K	B	K	T
D	T	D	T	T	Q	L	I	D	S	T	S	L	M
W	Q	Y	N	P	N	H	M	L	K	E	L	D	J
D	N	Z	D	E	P	B	L	R	C	D	M	J	R
A	Z	M	T	A	I	Y	Z	R	R	P	P	R	G
O	Z	L	R	M	J	R	U	P	Q	Q	L	Y	T
L	T	G	B	L	M	O	F	N	T	Y	W	A	T
N	T	K	B	L	S	M	J	D	L	Y	B	K	R
W	T	V	L	E	J	L	W	Q	I	L	W	L	T
O	T	N	R	P	K	B	Z	L	E	K	B	G	J
D	Y	Q	M	R	T	D	J	T	T	N	B	L	G

PHONE	GRAPHICS	KID-FRIENDLY
TABLET	SKINS	IN-APP PURCHASES
DOWNLOAD	RESOURCES	

CAVES

L	J	U	N	D	E	R	G	R	O	U	N	D	R
K	Y	P	J	G	Q	M	T	M	O	S	T	E	M
Y	N	O	I	S	E	C	A	V	E	S	D	M	V
R	W	B	L	J	X	W	E	C	Y	I	R	B	M
N	W	Q	Y	O	Q	R	R	K	P	B	R	P	C
E	R	O	X	K	W	U	B	S	Q	W	W	A	B
T	Q	Z	N	O	O	L	E	P	D	D	R	Y	B
H	Y	T	R	S	S	V	I	D	L	V	Y	V	B
E	X	L	E	M	A	T	Z	G	E	N	D	Q	K
R	D	R	P	C	Y	B	A	R	H	L	Q	D	J
J	Z	Y	M	B	P	G	S	B	Q	T	K	M	W

CARVERS

NOISE CAVES

OVERWORLD

NETHER

UNDERGROUND

ORE

RESOURCES

LOW LIGHT

BATS

CAVE SPIDER

FLYING

```
P  T  B  N  M  W  D  N  Y  L  W
H  A  M  P  I  R  E  Z  A  L  B
A  B  N  N  A  K  M  A  D  B  Z
N  T  G  G  C  R  R  B  W  J  M
T  S  O  I  H  T  R  I  T  P  T
O  N  H  E  Y  A  T  O  X  B  G
M  C  T  L  E  H  S  E  T  T  D
J  V  E  G  E  B  V  T  L  Y  T
R  R  X  R  N  D  J  L  K  M  K
```

DRAGON	PARROT	VEX
ELYTRA	PHANTOM	GHAST
WINGS	WITHER	BEE
BAT	BLAZE	CHICKEN

CRYSTALS AND GEMS

E	S	I	P	A	L	Z	X	R	X	T	L
E	N	D	C	R	Y	S	T	A	L	Q	Y
D	D	I	G	R	P	P	Q	R	T	W	T
I	L	P	R	D	E	N	Q	T	A	S	Y
A	A	R	P	A	Q	Z	L	L	Y	U	Z
M	R	M	R	B	M	B	T	H	R	J	Q
O	E	L	V	T	L	S	T	R	R	P	L
N	M	L	N	T	Y	E	I	B	R	B	J
D	E	T	T	K	M	X	G	R	J	K	K
J	M	Z	M	A	R	M	W	L	P	N	R

DIAMOND   LAPIS   AMETHYST

EMERALD   PRISMARINE   QUARTZ

PEARL   END CRYSTAL

GREEN SCENE

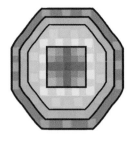
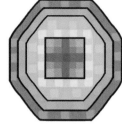

E	X	P	E	R	I	E	N	C	E	O	R	B
M	L	R	R	X	N	O	T	U	R	T	L	E
E	W	M	R	O	I	S	N	K	B	P	D	L
R	K	D	L	T	U	R	Q	J	X	G	M	G
A	N	E	O	T	V	L	N	G	T	Y	D	N
L	M	P	C	J	G	M	K	D	G	T	T	T
D	B	A	W	P	X	R	S	L	I	M	E	L
N	C	Z	Z	R	Y	D	A	N	J	K	N	Y
Q	N	T	T	T	Q	M	J	S	Y	P	B	T
P	N	K	M	T	Y	N	Y	L	S	R	Y	Y

POTION

EMERALD

TURTLE

GRASS

CACTUS

SLIME

EXPERIENCE ORB

MELON

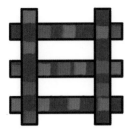 # CLIMBING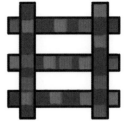

```
S  C  A  F  F  O  L  D  I  N  G
M  N  S  W  L  X  Q  R  Q  T  R
O  S  N  T  Z  V  E  N  P  N  Z
U  M  P  R  A  D  I  R  G  J  N
N  W  J  I  D  I  E  N  N  R  L
T  B  A  A  D  W  R  Q  E  K  M
A  N  L  L  O  E  Q  S  J  S  B
I  X  D  T  L  Q  R  Y  L  D  D
N  T  M  R  G  P  D  S  M  Y  N
```

SPIDER   TOWER   VINES

LADDER   WALL   STAIRS

SCAFFOLDING   MOUNTAIN

WEATHER

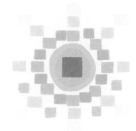

```
G  N  I  N  T  H  G  I  L
E  S  I  R  N  U  S  T  Y
T  C  I  C  E  I  H  Q  J
E  W  L  N  Z  U  A  T  N
S  O  L  O  N  N  B  R  M
N  N  X  D  U  N  W  L  X
U  S  E  N  R  D  J  R  Z
S  R  K  R  N  Y  S  W  T
```

RAIN   SNOW   SUNSET

THUNDER   ICE   SUNRISE

LIGHTNING   CLOUDS

GLOW ON

G	L	O	W	S	T	O	N	E	T	Q	P	A
X	T	P	P	G	T	X	W	T	D	M	M	N
G	P	H	G	D	L	R	N	K	A	G	R	Q
V	J	T	G	X	Q	D	T	L	A	E	R	E
L	N	N	M	I	G	M	E	M	T	B	R	V
H	C	R	O	T	L	N	B	N	Y	I	B	Q
Q	W	T	K	B	O	M	A	E	F	Y	P	R
P	L	Q	K	T	T	L	O	W	A	D	Z	T
W	V	Z	S	K	A	X	W	O	D	C	B	Q
V	D	D	M	E	Y	T	L	M	R	G	O	D
L	E	Z	S	M	W	B	G	X	L	H	R	N
R	L	Y	J	Q	G	M	N	L	R	Q	S	W

GLOWSTONE   MAGMA   SEA LANTERN

SHROOMLIGHT   TORCH   REDSTONE LAMP

FIRE   BEACON

EVERYTHING RED

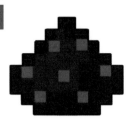

```
N E N O T S D E R L
H H E P O T I O N M P
E E R T Z J N J O Z N
A A E N H D Z O P A B
L T M R E R R P L T
T E P M H R P R N Q
H M J S B L W T G B
R R R O Z E L Q A R Q
W O J D R B G R R V
M W D N L M Z D D T
```

REDSTONE   METER   TNT

APPLE   NETHER WART   POTION

HEALTH   MOOSHROOM

HELLO, YELLOW

```
T  A  E  H  W  T  Q  B  K  K  M  P
P  J  B  R  Z  Y  B  R  L  D  U  X
D  A  N  D  E  L  I  O  N  F  L  D
T  L  V  E  A  W  X  R  F  T  E  J
O  D  I  Z  G  W  O  E  B  S  N  J
R  H  E  G  T  N  R  L  E  G  D  Y
C  N  A  J  H  F  O  E  F  P  B  G
H  U  K  Y  I  T  H  P  Z  N  N  L
T  S  W  S  B  C  N  Z  S  D  U  W
K  B  H  K  T  A  Z  I  N  Q  Y  S
M  M  E  B  N  Y  L  B  N  D  M  Z
M  Z  W  E  B  L  Y  E  J  G  W  Y
```

DANDELION	WHEAT	CHEESE
SUNFLOWER	TORCH	SPONGE
PUFFERFISH	LIGHTNING	SUN
HAY BALE	BLAZE	BEE

EXPERIENCE

F	U	R	N	A	C	E	M	W	K	P	A
T	G	X	D	R	Q	T	P	K	L	D	T
A	K	R	B	Q	Y	S	X	L	V	J	R
E	E	T	I	R	W	Z	B	A	R	D	D
F	T	D	T	N	B	G	N	R	E	Y	T
E	L	G	A	D	D	C	D	E	O	G	M
D	M	R	R	R	E	S	R	H	S	I	F
M	I	L	V	M	T	B	T	Y	Y	N	V
M	N	M	E	Q	T	Q	L	O	Y	P	Y
D	E	N	K	V	G	Q	N	J	N	B	V
R	T	J	L	N	T	X	D	G	Y	E	D

ORBS	BREED	ADVANCEMENT
MINE	TRADE	GRINDSTONE
DEFEAT	FISH	FURNACE

UPDATES

S	F	F	I	L	C	D	N	A	S	E	V	A	C
E	T	V	T	B	W	Y	E	B	Y	R	E	Z	V
G	L	L	T	O	M	G	V	Z	X	X	W	B	V
A	Q	N	R	G	A	D	R	G	P	R	L	L	J
L	L	L	R	L	J	A	L	L	Y	T	N	J	R
L	D	B	L	U	Q	J	O	R	A	N	W	J	M
I	M	I	N	U	B	R	R	B	Q	C	M	M	M
P	V	X	A	V	E	T	M	Y	O	L	B	M	R
D	V	T	Y	R	L	O	S	L	G	L	K	M	N
D	I	X	W	R	C	D	O	O	V	B	B	J	V
C	D	V	K	Z	V	R	D	Z	R	N	G	N	T
N	N	Y	Y	P	Y	K	L	M	N	F	N	K	D

AQUATIC VILLAGE COLOR

FROSTBURN PILLAGE COMBAT

EXPLORER WORLD CAVES AND CLIFFS

BLUE THROUGH AND THROUGH

```
I  B  L  U  E  O  R  C  H  I  D  E
Q  L  M  B  R  P  P  K  M  L  C  K
S  X  U  B  E  T  O  Y  T  I  R  Y
O  T  B  Z  W  A  P  T  E  M  R  W
U  Y  R  B  A  J  C  U  I  J  L  N
L  L  M  D  X  L  L  O  G  O  R  K
F  A  R  R  P  B  S  G  N  R  N  D
I  R  E  T  A  W  J  I  K  Z  Y  V
R  O  M  W  R  D  Y  K  P  E  B  B
E  C  D  W  K  N  Z  J  Y  A  N  L
D  G  V  M  N  R  D  N  Z  D  L  K
```

POTION   CORAL   LAPIS LAZULI

SOUL FIRE   BLUE ICE   DYE

BEACON   WATER   BLUE ORCHID

STATUS EFFECTS

```
R  L  S  H  U  N  G  E  R  B
H  E  M  S  V  L  D  R  L  M
T  S  S  K  E  E  U  I  Y  G
G  L  W  I  E  N  N  C  N  P
N  O  A  P  S  D  K  I  K  N
E  W  S  E  N  T  W  A  L  T
R  N  D  E  S  O  A  P  E  T
T  E  S  Y  L  U  D  N  V  W
S  S  T  G  N  Z  A  Y  C  K
T  S  R  T  L  N  T  N  R  E
```

HUNGER	SPEED	LUCK
BLINDNESS	STRENGTH	GLOWING
WEAKNESS	SLOWNESS	
NAUSEA	RESISTANCE	

ANIMATED BLOCKS

```
E N I R A M S I R P
S E A G R A S S L Y
R T P M V A K A F Y
A E N Z V N N I K N
M N T A P T R P R M
G P L A E E R Y T D
A P L R W X Y N N D
M Z N E K L Q M M L
J W W Z K G R M W J
```

WATER   MAGMA   FIRE

LAVA   SEAGRASS   LANTERN

PRISMARINE   KELP

HEALTH

```
N O I T A R E N E G E R
R R O D Q L V W K S M M Y
E G I J N M R T E B Z R
G O H T T D N T A R Z Y
N L E R P I E B P L Z T
U D A K O R Z O P D R P
H E R P Q M O O L N D N
G N T K Q V V Y S E G X L
N G B R M Q P T B L J W
L N Y X M L Q L M A Q X
```

HUNGER

METER

POINTS

HEART

REGENERATION

GOLDEN

APPLE

ABSORPTION

BOOST

DAMAGE

```
K G N I N T H G I L L
C N M D H Q Y Z Y R N
R B O I M T R T V M R
I K T C L P I N M J N
T S C I K N D O N Q N
I P V A U B B Q L L T
C N N M T S A L A V A
A Z M J K T A C N D P
L I D X R F A M K G Y
```

IMMUNITY   LIGHTNING   ANVIL

CRITICAL   MOBS   LAVA

HITS   ATTACK

KNOCKBACK   FALL

NEED FOR SPEED

R Y T M D K K R Q W R J
S E Q Y D O D Q O L L Y
S W N M Z R L R N G N Z
P O I D J R R P N J T M
O J U F E A B I H P Y W
T G Q L T R T E N I N Z
I R R Z S N P T A M N G
O J T I I P E E M C D M
N M T R D N E S A J O B
J Q P G X I Z E S R Z N
L S L P M J N Q D N L D
N R Y J V K L G J G D S

SWIFTNESS   BEACON   SOUL SPEED

POTION   SPRINTING   DOLPHIN

ARROW   RIDING   ENDER PEARL

SO SLOW

S	N	E	A	K	I	N	G	Y
O	L	P	O	T	I	O	N	E
U	B	O	D	H	E	M	L	B
L	M	M	W	M	O	T	V	M
S	L	A	I	N	R	N	K	T
A	Y	L	R	U	E	Q	E	L
N	S	L	T	R	W	S	M	Y
D	J	R	G	G	O	Q	S	R
S	P	M	V	L	J	W	R	D

SLOWNESS   TURTLE   SLIME

POTION   SNEAKING   HONEY

ARROW   SOUL SANDS

MAKE A MOVE

W	R	R	M	B	K	J	Q	T
N	A	W	I	A	Q	H	M	V
S	Z	L	E	D	C	R	Y	N
J	P	N	K	U	E	Z	J	R
U	S	R	O	C	L	I	M	B
M	F	R	I	S	W	I	M	M
P	C	L	Q	N	G	B	D	L
M	Y	P	Y	N	T	N	R	L

WALK	CLIMB	SWIM
SPRINT	FLY	CROUCH
JUMP	RIDE	SNEAK

 # TRADING

```
B L A C K S M I T H Y N W
T Y T N S D W Y L V X N W
Z Y V L Q E Y K M M R M M
E B Q D F N C M R O Y E G
Q M G X M A Q R M E L Q K
G N E J C K R R U O L V G
P Z D R B N A M G O I C T
Q Y O Z A G V N E L S M T
T P M D P L O B L R J E Y
S L B D M R D A R K D B R
T Y K M I Z G S M B Q T N
R N L M B E B D M M X T N
```

VILLAGE

EMERALDS

BLACKSMITH

CLERK

IRON GOLEM

FARMER

CROPS

RESOURCES

ARMOR

USES FOR LIGHT AND FIRE

Y	A	P	D	M	L	B	Q	Y	W
T	T	C	T	E	G	R	I	E	F
E	C	M	T	N	S	R	P	L	Z
F	J	O	B	I	E	T	N	T	N
A	M	J	O	R	V	R	R	Q	P
S	W	E	A	K	U	A	K	O	Q
T	Y	C	L	B	D	R	T	P	Y
Q	S	Y	D	T	R	R	D	E	K

ACTIVATE   DESTROY   SAFETY

SCARE   GRIEF   COOK

BURN   MELT

RAW MEAT

```
Q  J  M  J  M  W  Y  Y  Q  M  H  R
P  O  R  K  C  H  O  P  D  S  T  M
C  T  L  Z  B  T  T  L  E  I  R  F
H  L  M  N  P  M  V  L  B  T  E  L
I  M  N  M  Z  S  F  B  Y  E  D  Y
C  X  U  W  Q  N  A  R  B  O  L  D
K  V  X  T  E  R  T  L  C  N  G  N
E  L  N  T  T  R  L  R  M  J  R  W
N  Q  T  K  R  O  Q  X  G  O  B  L
B  O  V  D  T  L  N  R  T  Z  N  T
R  P  V  Q  B  L  P  Q  Q  Q  J  G
```

BEEF   CHICKEN   SALMON

PORKCHOP   MUTTON   ROTTEN FLESH

RABBIT   COD

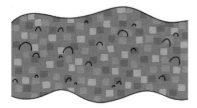

NOOB LIFE

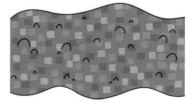

```
M L O T A T O P N O S I O P
E I E M I N E B E D R O C K
S R N V X Z W W N Z L R N K
U A M E O M V Y A E D T L Y
O G Q T D H M N V J T L Z P
H E P L P I S R A R J L Y N
T Q Y P Q D A N L B L Z J N
R U Z R R T N M E R J M L R
I I Y O S X V D O D M N M D
D T W B P P N Z Z N O Q J L
W N K M L L K M B G D O J D
G K M B X J B R X R B S W T
```

DIRT HOUSE

WOODEN SHOVEL

MINE DIAMONDS

MINE BEDROCK

STARVE

DROWN

LAVA

POISON POTATO

RAGE QUIT

SPAWN MONSTERS

```
V T W H Y D N M Q R V J Y
C A V E S P I D E R N E N
G M L Q T I T R Q N K Y D
S G A M P X F B X C Z Z J
T K Y G R N M R O J O Z K
Y W E Y M D L J E M G W Z
P G M L R A R B B V P M V
I X T K E E C I L V L B Y
G B R M D T E U J A N I Q
Y Y N I M N O N B T Z V S
L B P B X Y Y N L E N E Q
L S Y N R B Y Q V R X M W
```

PIG	ZOMBIE	MAGMA CUBE
CAVE SPIDER	SKELETON	SPIDER JOCKEY
SILVERFISH	BLAZE	

CROP FARMING

```
B T L Y L W H E A T
S Y O P L A N T R W
W T B O R J B V L D
O B O V R E S A J N
R T E R E T E E T J
R S A S R M E H E J
T E X T E A G E M D
M M T N O I C D B Q
D Q O A L P T P L V
R B Y W W Y Z N W B
```

SEED	WHEAT	WATER
CARROT	PLANT	LIGHT
POTATO	ROWS	BONE MEAL
BEETROOT	HARVEST	BEES

SURVIVAL MODE

B	A	T	T	L	E	B	B	Y	J	J	X	T	W
N	O	G	A	R	D	R	E	D	N	E	D	T	Q
R	Q	R	X	S	B	O	W	X	R	L	Q	R	P
E	A	X	A	P	P	N	B	A	R	T	Y	N	B
N	Q	B	M	B	J	A	I	S	Q	L	L	R	Z
D	R	B	H	Y	R	D	W	I	E	W	D	N
P	E	R	Z	T	L	E	Q	N	G	D	I	D	B
O	H	G	M	Z	L	V	G	A	P	A	I	J	N
E	T	Q	Z	Y	J	A	M	N	M	O	T	A	P
M	I	M	L	T	Y	A	E	O	U	Z	I	M	N
T	W	T	M	M	D	R	N	H	B	H	N	N	Q
M	D	W	R	E	L	D	Y	P	J	L	X	N	T
G	Y	Y	K	B	S	J	N	Q	R	W	M	J	K
R	T	A	L	D	T	X	K	R	N	W	L	L	D
R	T	N	L	D	R	W	D	Y	D	Y	J	Q	Y

BATTLE   TAKE DAMAGE   ENDER DRAGON

RAID   SPAWN POINT   WITHER

HUNGER BAR   DIAMONDS   END POEM

HEALTH BAR   OBSIDIAN

ANIMAL FARMING

T	A	E	M	D	E	K	O	O	C
J	D	C	D	E	E	R	B	D	V
K	P	N	V	C	S	P	I	G	S
W	E	E	Y	H	G	G	W	D	V
O	E	F	N	I	M	O	G	P	M
O	H	G	M	C	C	M	E	E	Y
L	S	M	D	K	P	N	P	N	D
X	G	W	M	E	L	R	L	J	P
M	T	Z	N	N	T	J	R	M	B

FENCE   EGGS   BREED

PEN   PIGS   COOKED MEAT

COW   SHEEP

CHICKEN   WOOL

BAKING

S N A E B A O C O C

H M X K Q V O R M B

U Z L A R O Q B M Z

N R M C K W H E A T

G N A I D A E R B J

E Y E G L P R P Y T

R S V R U K E G G S

D T M R Y S T N L V

WHEAT   CAKE   SUGAR

HUNGER   COOKIES   EGGS

BREAD   MILK   COCOA BEANS

KEY CRAFTING RECIPES

```
E L B A T G N I T F A R C J
S F Q G Q V L Z N Q G G W Y
S M E R R V J M X W H O W L
A F M N M J V Y V C O M R L
P M U W C W N J R D Y Z B T
M S R R P E K O E M B T L J
O T W B N P T N J E P X T K
C A R V L A P Z D Q D Y D A
T I K M Y L C H E S T O X L
Y R Y T A L M E J T O E N T
L S A N G W B P L R Y R V P
M O K B W R R B M M L N R Y
B G J M Q T V T R G Z Z X Z
```

TORCH	FURNACE	DOOR
BED	CHEST	FENCE
WOODEN PLANK	STAIRS	BOAT
CRAFTING TABLE	AXE	COMPASS

 # INK COLORS

```
A T N E G A M G D L
Z L T Y G L R X I P
E K I R E E I G D N
T G D G E L H M X P
B V N N H T L E E K
L E M A B T L O N N
A J T L R P G I W T
C R U I R O P R Y G
K E E U H Y P T A G
D T P D T W Q M D Y
```

WHITE	YELLOW	MAGENTA
RED	LIME	PURPLE
ORANGE	GREEN	LIGHT GRAY
PINK	LIGHT BLUE	BLACK

PROJECTILES

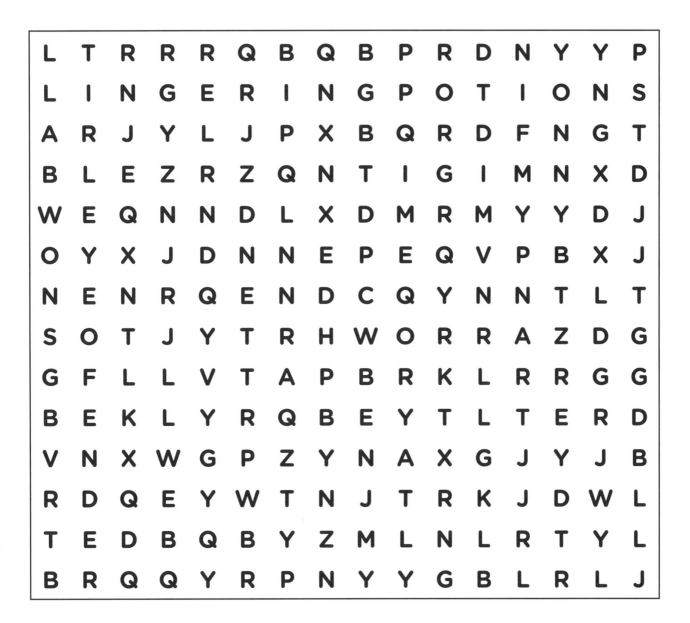

```
L T R R R Q B Q B P R D N Y Y P
L I N G E R I N G P O T I O N S
A R J Y L J P X B Q R D F N G T
B L E Z R Z Q N T I G I M N X D
W E Q N N D L X D M R M Y Y D J
O Y X J D N N E P E Q V P B X J
N E N R Q E N D C Q Y N N T L T
S O T J Y T R H W O R R A Z D G
G F L L V T A P B R K L R R G G
B E K L Y R Q B E Y T L T E R D
V N X W G P Z Y N A X G J Y J B
R D Q E Y W T N J T R K J D W L
T E D B Q B Y Z M L N L R T Y L
B R Q Q Y R P N Y Y G B L R L J
```

TRIDENT   ARROW   FIRE CHARGE

SNOWBALL   LINGERING POTIONS   EGG

EYE OF ENDER   ENDER PEARL

UNDEAD MOBS

```
Z  N  R  U  B  N  G  B  M  P  L  J  Z  B  N
O  R  O  B  X  T  X  G  T  G  X  J  J  I  B
M  Y  W  T  J  D  L  M  G  T  V  N  L  M  P
B  N  E  S  E  T  J  L  G  Z  X  G  J  Z  Y
I  O  J  K  P  L  S  U  N  L  I  G  H  T  N
E  T  P  L  C  I  E  V  Z  P  Y  L  W  M  J
V  E  T  P  X  O  D  K  D  R  E  H  T  I  W
I  L  V  T  R  K  J  E  S  T  N  G  G  N
L  E  D  Y  Z  Z  I  N  R  R  R  J  Q  M  G
L  K  X  K  L  F  D  N  E  J  E  Z  Y  M  L
A  S  Y  Q  I  Q  L  L  T  K  O  H  L  L  J
G  K  N  B  T  P  D  B  G  M  C  C  T  Y  V
E  Y  M  M  B  X  W  J  B  D  B  I  K  I  P
R  O  Y  M  T  L  K  I  X  K  M  D  H  E  W
Z  P  X  N  L  Q  E  Q  Y  P  R  K  K  C  Y
```

ZOMBIFIED PIGLIN   SKELETON   SUNLIGHT

ZOMBIE VILLAGER   CHICKEN JOCKEY   BURN

WITHER   SPIDER JOCKEY

WITHER SKELETON   ZOMBIE

CREATIVE MODE

```
C P R B L L M N X T Q Q M Y
O R T T Y Y Q V N M D S G
M V T M J G X N X R J P N N
M I Y D X R D P J T A I J X
A K N Q W V T R D W Y R G N
N C J V J E V M N L E P M B
D O N L I X R E F D B N R X
B L Y W M N G O L Q W B I B
L B G X Y G C I L N Q D W M
O K X R S J U I L P B V D D
C C K P Y B K Q B L X J N V
K I P G R Q J Z Q L J E J G
S P N D D D M J R P E Z M T
```

EXPLORE
BUILD
MINE

FLYING
INVINCIBLE
PICK BLOCK

SPAWN EGGS
COMMAND BLOCKS

SURVIVING THE FIRST NIGHT

```
C R A F T I N G T A B L E T
W R R T N T S V L X P Y H J
O K J T I W M R M L R G Z M
O Q P R O V R D G W I B K L
D P J R P P W J W L T T Z G
E Z D J N N K Y J Z N L M
N P K K W T G A M X W B P T
T S L Z A T D R E T L E H S
O P E B P Y R J M Y Q G J T
O R E V S M M E J T I Y L R
L D G E A P D X E N Z P Q N
S L R L H C R D R S N D Q Z
Y T Z K R S M R M Z G B T X
```

TREES

SHEEP

DAYLIGHT

CRAFTING TABLE

BED

NIGHT

WOODEN TOOLS

SPAWN POINT

CAVES

SWORD

SHELTER

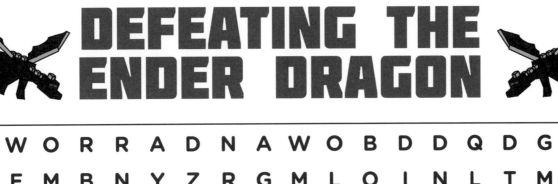

DEFEATING THE ENDER DRAGON

```
W O R R A D N A W O B D D Q D G
E M B N Y Z R G M L O I N L T M
N W Q E T Y B A A D A B O Z R P
C K W J N L Y T G M D H Q K J L
H E N L Q D R E O O G X K L A D
A D Y M R O E N N N W R T W S
N N N E P A D R O T A E S D L N
T T J D S S E R M T Y Y G L V B
M B N K W O T P E E R N A G Y R
E E D O B S F R R C N B N M Y Z
N J R L V R B E D E E X Y G M N
T D M V G U T N N R D T D T Q G
S B Y R C D E J I D O N Y J N B
M J P K T J Y F Z W E R E D M T
T M E V D M M N E Y W R D R B R
P T J Z L L J R Y W Y N D G G L
```

ENDER PEARL   TOWER   BOW AND ARROW

EYES OF ENDER   END CRYSTAL   ENCHANTMENTS

STRONGHOLD   DODGE   WATER BUCKET

END PORTAL   FIREBALLS   DRAGON EGG

ENDERMEN   DIAMOND SWORD

DEFEATING THE WITHER

```
U L T I M A T E C H A L L E N G E
N P B Y Q H R T Y M M Z R T M M Z
S E B N Q E Y Y T L P N T W B N D
N X T R T A Q M Z K G G V X N R M
O Z B H Q D R B Q N Z D J X J L K
I S G L E S E L P P A N E D L O G
T K L Z K R Y L J L Y G L T T Y K
O X B L N O I S O L P X E T L D M
P D I T U M B T N B P J W B Y B R
G M R B Z K Q O E R L K M L K L N
N L G W P Y S Z M S N L N M Q Z X
I M B P E P W P N R S W Q Z N Y L
L L L V I K V N Q R S O Z N T J P
A D V T D B T D N L W O R T B G D
E V H G R B R J L M T B B B D G T L
H E B B L Y D N R B R B M K M Q X
R B M N J B Y N Q L L L Y L X Z J X
```

EXPLOSION   WITHER   ULTIMATE CHALLENGE

HEADS   GOLDEN APPLES   BOSS MOB

SKULLS   MILK

NETHERITE SWORD   HEALING POTIONS

MULTIPLAYER MODE

```
C S M A E T P Y J P B
L O V G Q K S Q Z T M
A S M Z N K Y S M Z B
U D W P I I M D Y J K
G N B N E L F S X Q L
H E S L A T E E L R Z
I I D E J R I Y I A N
N R R L V N N T T R N
G F X E I D T Y I Z G
B M R V T U P X Y O M
P J M M Q Q B G D Z N
```

FRIENDS	GRIEFING	REALMS
TEAMS	LAUGHING	BUILD
SKINS	SERVER	
COMPETITION	LAN	

TRAPS

```
E T A L P E R U S S E R P
N W Y J Q J P N D L R J V
O A E T Z L T I A R T W N
T T K R A R S V E M M Z R
S E Z Y I P A D B X L W Y
I R E G E W S L A M I N A
P R G N M T P I T F A L L
S E S T O O W I Q W X M V
R E N N W D B Y R J W D J
R K E T J Y G S T T B D B
```

ANIMALS   TRIPWIRE   PITFALL

MOBS   PISTON   WATER

PLAYERS   TNT   REDSTONE

TRIGGER   DISPENSER

PRESSURE PLATE   LAVA

HEATING UP

```
C O L B N J R J J Q B L T M Z
H T R P D P N P L T D M E D P
A E N E Y B O N W E Q K J U Y
R M C Y N B B H X Y M L L R F
C L G A D J T P C O O K I N G
O G M E N P E P T K J M R M K
A V N Y C R J R N T R B N A M
L J R I I A U Y D L B O E B N
A W J E T Y N F B J J T P B M
O D N Y R L R R T T S K X I R
C C V Q V E E X U S L Y N G V
E D O O W Q K M L F A G N M B
J D T Q W Y Y O S Z O L V B R
Q J R T V G Y T M T M Q B B J
P R B D Z T G K N S N N J P M
```

FURNACE

SMELTING

BLAST FURNACE

SMOKER

FUEL

COAL

CHARCOAL

WOOD

COOKING

PORKCHOP

STEAK

ORE

INGOT

EXPERIENCE

SOUNDS

```
R Y R G Q K L P M D B T M C
C E B U R N I N G L A V A Z
S L T G N I N A O M K V M G
H H A A N E T H E R E U N L
R I G T W L V W Y N S I Y J
I S D N T R T R T I O P N Z
E S L B I E E Y C O M T L X
K I K Q L N R D M L M T N Y
I N M R V K I I N L G K Y Y
N G R N J S D M N U R K J M
G D X N C J X X Q G L R L Y
```

CAVE

UNDERWATER

NETHER

HISSING

MOANING

MOOING

BURNING LAVA

SHRIEKING

CLATTERING

MINING

MUSIC DISC

STICKY SITUATIONS

S	J	Y	N	M	P	D	X	N	M	B	G	P
K	T	S	K	N	U	H	C	E	M	I	L	S
C	L	I	L	T	Y	I	Q	P	B	R	T	L
O	Q	L	C	L	L	R	D	Q	D	M	R	L
L	J	D	A	K	A	Y	D	E	X	J	R	X
B	S	X	D	M	Y	B	D	W	M	Y	X	T
Y	N	B	Q	Y	S	P	E	Y	N	G	B	V
E	Y	Z	E	L	Q	L	I	M	Z	R	Q	M
N	J	W	I	W	L	T	M	S	I	L	Y	Y
O	R	M	R	K	B	N	R	M	T	L	L	J
H	E	V	M	R	W	O	J	D	W	O	S	G
Q	D	N	K	W	Z	T	C	Y	N	R	N	G

SLIME   BIG   COBWEBS

SMALL   SLIME BALL   HONEY BLOCK

MEDIUM   STICKY PISTON   SLIME CHUNKS

SUPER STRENGTH

```
K C O L B D N A M M O C M
E L B A K A E R B N U D Q
G K T D R O G D R N Y B T
A G C Q N N B R G T T J T
M G T O I N R S I D K L A
A L D D R M G L I Z Y R J
D Q N I N D I R D D M R D
D E Y J A B E V N O I B N
M L D V A M L B R Q M A Q
D T L R Z B O L Y Z V T N
R K U R W B Y N B J Z R M
Q D X D Z J X R D B B D B
```

UNBREAKABLE   ARMOR   DAMAGE

MENDING   DIAMOND   BEDROCK

OBSIDIAN   DURABILITY   COMMAND BLOCK

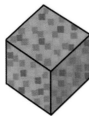

PIXEL ART

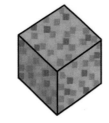

C	P	V	G	B	G	X	Q	L	V	P	X
O	A	J	Q	D	I	R	G	N	P	B	T
N	M	T	T	Q	T	T	L	Y	L	E	Y
C	J	Q	W	T	Q	R	T	U	R	L	L
R	Q	N	D	N	M	T	F	R	X	O	T
E	J	Q	B	B	B	R	A	R	O	V	M
T	K	X	S	L	O	C	Q	W	Q	P	Q
E	Z	T	T	L	O	X	S	T	L	Y	K
G	Y	Q	O	T	E	C	B	L	B	L	R
T	Z	C	T	F	A	X	K	T	L	L	D
B	B	A	T	L	U	Y	I	S	Y	M	M
M	R	J	E	M	T	N	Z	P	V	W	R

SCALE   BLOCKS   FUN

MAP   WOOL   COLORFUL

GRID   CONCRETE

PIXELS   TERRACOTTA

 # ZOMBIES

```
B D R O W N E D R Z R L
A S J E P H V V M V K R
B K R Z V G O N G C O J
Y S R J R A D S A T P J
Z U D E S A C T T S Q G
O H E V E T T E U I R V
M N P D M A N N N O L Y
B T N O D F L A S R Z E
I U A W L I Y S I Q U M
E N P E G M N K Q G D B
P Y S H N D R W T N D G
N H T W B N N B L Y J Q
```

MOAN   GROSS   BABY ZOMBIE

UNDEAD   BURN   GIANTS

GREEN   SUNLIGHT   ROTTEN FLESH

HOSTILE   HUSKS   CAVE

ATTACK   DROWNED

GUARDIANS

```
E T U N D E R W A T E R D S
L S N P D P Q G Y M N J P L
I L W E P D R Z R M R I B D
T A H I M R J R T L K G G X
S T J S M U I L A E Z E Y E
O S W W I D N S S N Q B K G
H Y G P M F E O M P L K S B
M R R W B R R W M A J D W N
T C V W B P T E V N R M Y Y
B T V E L M B K F A A I B X
B J A B W Q M J H F W E N Y
Y M W N M M P S Y T U N C E
Y D N R J R M B Y L Y P D O
```

UNDERWATER

OCEAN MONUMENT

LASER BEAM

PUFFERFISH

HOSTILE

PRISMARINE

SHARDS

CRYSTALS

EYE

SPIKES

SWIM

CHILL OUT

M	E	C	I	D	E	K	C	A	P	S	L	K
E	K	R	G	A	N	D	T	W	N	X	X	L
L	P	L	E	N	G	D	U	I	O	T	X	T
O	O	S	J	K	Y	I	A	T	Z	N	U	J
G	L	Y	N	Y	L	T	A	S	I	N	S	J
W	A	I	L	O	N	A	N	T	D	T	D	T
O	R	D	C	U	W	O	W	R	J	Y	L	T
N	B	S	O	E	W	B	A	T	N	G	V	A
S	E	M	O	B	B	M	L	R	S	G	M	L
N	A	M	A	O	D	L	T	O	Y	O	Q	Y
T	R	L	R	J	L	P	O	T	C	D	R	N
B	L	V	X	X	G	G	Y	C	Y	K	R	F
L	T	B	B	Y	B	J	I	Y	K	L	D	Y

TUNDRA   ALTITUDE   SNOW BLOCK

TAIGA   MOUNTAINS   POLAR BEAR

ICE BLOCK   SNOW   IGLOOS

PACKED ICE   SNOW GOLEM

FROST WALKER   SNOW BALL

 # GETTING WARMER

```
T  O  R  C  H  J  B  T  S
Z  Z  E  G  P  L  W  L  Y
R  R  N  C  A  L  L  T  N
N  P  T  Z  A  A  A  U  Q
E  E  E  Z  B  N  S  V  B
R  W  T  E  N  W  R  L  A
I  Q  R  H  M  J  J  U  M
F  I  B  K  E  P  L  V  F
F  Q  L  M  Y  R  V  R  Z
```

TORCH   SUN   NETHER

FIRE   FIREBALLS   BLAZE

LAVA   FURNACE

FENCES

```
N E T H E R B R I C K
B W O O D E N A N M R
I Q N Q X E I E P Q G
R B L D C C P T J J B
C Y Y U A L E U T Y T
H T R C A R N T V Y L
Z P A M L G K K A P Y
S B I D L N D O B G M
T N N E K A O Y A M T
A Y W M B M M V M K P
```

WOODEN   JUNGLE   ANIMAL PEN

OAK   ACACIA   GATE

SPRUCE   DARK OAK

BIRCH   NETHER BRICK

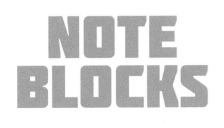

NOTE BLOCKS

```
S  S  A  B  D  M  Q  M  D  Z  M  O
O  G  Y  M  M  L  Z  D  P  T  O  J
N  D  E  V  U  B  E  P  T  D  T  M
G  Y  R  N  H  S  Y  R  I  R  T  N
W  D  J  A  O  R  I  R  A  B  R  C
R  V  R  R  D  H  E  C  N  N  O  N
B  P  N  Y  N  G  P  R  D  W  S  Y
T  A  M  Z  D  K  J  O  B  I  L  N
R  Q  N  I  T  Y  T  E  L  Z  S  B
N  B  D  J  Y  Y  L  R  P  Y  M  C
M  Z  Z  B  O  L  R  M  X  J  X  N
```

HARP   XYLOPHONE   COW BELL

BASS   DIDGERIDOO   MUSIC DISC

SNARE   BANJO   SONG

SKELETONS

W	I	T	H	E	R	S	K	E	L	E	T	O	N
S	D	L	Y	K	L	T	X	L	N	C	Y	K	D
U	Y	S	W	O	R	R	A	R	H	D	N	L	D
N	L	M	D	N	L	Z	P	A	Q	Y	R	R	B
L	D	B	X	R	N	Y	S	X	B	Y	Z	Q	Y
I	D	G	O	K	O	E	Q	O	L	B	Q	K	P
G	T	Q	L	D	W	N	N	S	B	N	T	R
H	L	J	R	R	E	E	S	H	R	N	W	J	D
T	Q	N	W	N	S	M	O	E	N	U	L	M	D
P	W	K	J	B	D	O	E	Y	N	N	B	G	Z
B	T	N	K	D	T	D	B	A	L	O	Z	K	T
P	Y	P	T	J	M	L	K	T	L	X	T	R	B
Y	M	Q	D	D	P	G	W	L	R	T	J	S	N

CHASE   BONES   SUNLIGHT

SHOOT   BONE MEAL   WITHER SKELETON

ARROWS   BURN   STONE SWORD

TRIDENTS

```
D E T N A H C N E V V L
T Y X E G Q L S J J Y Y
Q J R P D J N K T T R Y
L W L R M I X J I A T R
M E L E E D T M L L B R
T D T T W D P P A J D S
H D U P B A E Y I Z W X
R Y L R L M O N L R G G
O K L I A L T Y W T Q J
W V N M N B V N G O D T
K G K N M P L R X M R Q
R Z D V D L Z E L D L D
```

MELEE   LOYALTY   DURABLE

DROWNED   RIPTIDE   STABS

ENCHANTED   IMPALING   THROW

ALMOST POINTLESS POSSESSIONS

```
N D I A M O N D H O E P L
D E Q D X R E O H N O R I
N N T X R S A K D I R D J
W C X H P A J F S N E J P
N R L O E P G O T O Y B J
K B N O D R N O H A Q X W
P G N J C P I N N M B Z R
E T B N O K E T B E V Y Q
B J B T G D D D E N G R N
Q T A B L P P L B H Q G V
D T V O R Y W R R M O R J
O D G L R M Q W W K G E Y
```

GOLDEN HOE   DIAMOND HOE   SPONGE

NETHERITE HOE   CLOCK   DRAGON EGG

IRON HOE   POISON POTATO   BAT FARM

STEVE AND ALEX

E X P E R I E N C E P O I N T S
W T N Y P S W T R G Q R P M L V
R A B Q N Y N P A R D Y Z J L P
B Q L A Z D N L F B T Y R N L L
D M M K N M N B T B L Y J X B N
P U G R X H E A L T H B A R J J
H L D M R U R R M E K J V L N Q
T K A T N N X B V D E F A U L T
B Q B Y V G Z I T Z J N T N J M
Q U X J E E V Z X B I N B R X M
S G I Y G R J D N G I J D G G D
J K M L U B S R I R M V U J R L
N T I S D A M R P Y X V T M G K
T B T N N R O S X N L N Y T P R
X B M M S P Z G V N G P L G L N

DEFAULT	WALK	HEALTH BAR
ORIGINAL	SPRINT	BUILD
SKINS	JUMP	CRAFT
HUMANS	EXPERIENCE POINTS	SURVIVE
PLAYERS	HUNGER BAR	

WOODLAND MANSIONS

```
T O T E M O F U N D Y I N G
D S E C R E T R O O M S B K
V A C O B B L E S T O N E P
I X R W E J G R T Y N S Z B
N J X K L X E Z Z Y T Y K J
D T D W F K P Z R S L Q W T
I X M L O O G L E P K D Q P
C J Y V R X R H O A B Y B D
A K E M Z K C E O R Q Q Y Q
T Y T Q V T M K S V E D K Y
O T B J O Z R V Y T B N R L
R P B O Y A W T B M S T Q J
S T L Q D Z W N M B Z M V B
```

DARK FORESTS	TOTEM OF UNDYING	DARK OAK
EVOKERS	SECRET ROOMS	COBBLESTONE
VINDICATORS	LOOT CHESTS	EXPLORE

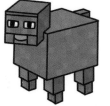  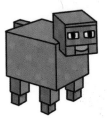

RARE FINDS

```
J Z T O T E M O F U N D Y I N G
A N C I E N T D E B R I S V E K
E L S H T T B N T Q V S M L V B
P M R L O D Q L L Z L L D D L D
I N E R I R R M A R R D L B L P
N A B R M M S A A Z A L Q L R Y
K M X L A N E E G S E P B N D Q
S E D Q P L P B A O J R D N J Z
H T L N T R D Q A R N D O D K Z
E A J Q E T X O D L M E J D X J
E G K D K R Q G R M L O G V Z Z
P S N K N Y R X T E G S R G B T
L E Q X K R M R T D R J R Y Z V
```

EMERALD ORE   DRAGON EGG   SLIME BALLS

SADDLE   NAME TAGS   HORSE ARMOR

ENDER PEARLS   PINK SHEEP   ANCIENT DEBRIS

TOTEM OF UNDYING   BLAZE ROD

DIAMONDS

```
E L B A T G N I T N A H C N E
X L Z P L N X G L L D J V Y R
R K O L I B T T Y I J A Q M Y
A B R O N C Y K A M L Y J V X
R R T D T L K M Z U N Y N Z D
E X P A L C O A A Y R Y D B Q
M W O Y R N H B X J P J B L V
D K Z B D M L E Y E L M Y K T
N U L O E E O N S R R Z Y R Q
Q M R M N K Q D T Q Q D K L
J E Q A Z T U R R Y X M Y K Z
V Q T L B R N J O Z N D V Q L
Y P M Z B L Q N W R Q L L K D
X L N G L N E Y S G T Q V T Y
```

RARE	PICKAXE	DURABLE
DIAMOND ORE	ARMOR	VALUABLE
LOOT CHEST	ENCHANTING TABLE	
SWORD	JUKEBOX	

IRON GOLEMS

```
S W I N G I N G A R M S
Q K M K B B N J T M L Y
S Y C G N I W O R H T T
L E R O K O G B P K N R
V M I P L N M R D E N Q
V I M P I B O M U Q B L
G U L N P T N T U J W N
P U O L E O R O G S R M
K R A C A A P Y R W R D
I K T R L G Y Q L I N Y
Q G L L D Y E Y T W D R
```

VILLAGE   SUMMON   IRON INGOT

PROTECT   IRON BLOCKS   SWINGING ARMS

NEUTRAL   PUMPKIN   THROWING

GUARD   POPPIES

BABY ANIMALS

B	P	F	B	T	T	R	T	N	H
P	A	T	O	W	M	E	P	A	J
U	N	B	L	A	L	L	T	M	T
P	D	Q	Y	G	L	C	Y	I	R
F	A	K	I	S	H	N	K	Q	C
L	C	P	L	L	Q	X	Q	H	N
O	U	D	I	C	O	U	I	M	R
W	B	N	A	F	J	C	I	M	T
T	G	L	R	W	K	D	R	D	P
Q	F	M	L	B	Y	J	Y	W	Y

CALF   PANDA CUB   PIGLET

CHICK   FOX KIT   BABY SQUID

HATCHLING   WOLF PUP   FOAL

 # GHASTS

```
S O U L S A N D V A L L E Y
P F X G J C S J S Y B M Z K
O Z I T U R R E N E T H E R
T D J R A N L E E Y N R L D
I W F E E C P L E Z B X V R
O G T L A B I O B C X Z J Q
N J W T O T A D W Q H G R X
S D N H S A K L Q D Q Q M T
R E Z O I Y T P L M E K V W
T M H M Y T V I X S L R B Q
Y J K R M M E T N T Z K D P
G D G D Y X B V Y G W P Y T
```

NETHER   FIREBALLS   SOUL SAND VALLEY

WHITE   TEARS   SCREECH

TENTACLES   POTIONS   HOSTILE

FLOATING   GUNPOWDER

ENDERMEN

N	I	K	P	M	U	P	D	E	V	R	A	C
E	L	T	M	T	Y	L	L	M	E	Q	B	J
L	Y	T	R	M	A	P	M	N	Q	B	D	T
E	V	E	K	O	R	L	D	D	L	N	P	B
A	J	G	C	U	P	E	L	O	D	J	J	T
N	X	Y	P	O	R	E	C	N	Z	L	B	P
Y	M	P	R	P	N	K	L	K	C	A	L	B
Y	A	J	E	R	S	T	Q	E	G	V	G	L
X	E	A	D	X	A	L	A	Q	T	R	G	Z
M	R	J	Z	Y	Z	C	P	C	W	L	T	Y
L	C	D	R	X	T	J	G	J	T	P	L	R
D	S	B	M	B	L	R	R	M	L	X	V	X

TALL   TELEPORT   ENDER PEARL

LEAN   EYE CONTACT   CARVED PUMPKIN

BLACK   CARRY   SCREAM

PURPLE   BLOCKS

 # TAMING ANIMALS

T	A	M	A	L	L	L	R	V	K
O	Y	D	S	T	Q	I	R	Y	P
R	H	Y	E	F	D	N	E	R	Z
R	E	P	E	E	O	S	Q	L	N
A	A	F	D	K	R	O	M	Y	X
P	R	L	S	O	N	U	D	L	D
R	T	O	H	W	L	O	C	A	T
B	S	W	B	E	W	X	D	B	Q

FOOD	WOLF	HORSE
PET	SEEDS	DONKEY
HEARTS	PARROT	MULE
CAT	RIDE	LLAMA

ANSWER KEY

RESOURCES GALORE
page 3

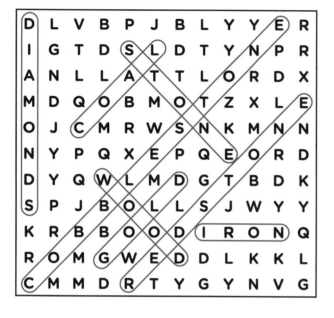

ARMOR ENCHANTMENTS
page 5

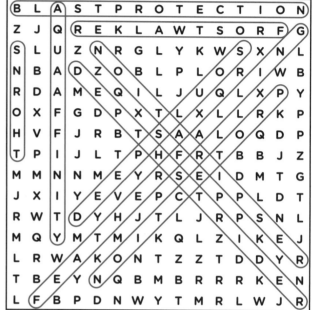

SWORD ENCHANTMENTS
page 4

CROSSBOW AND BOW ENCHANTMENTS
page 6

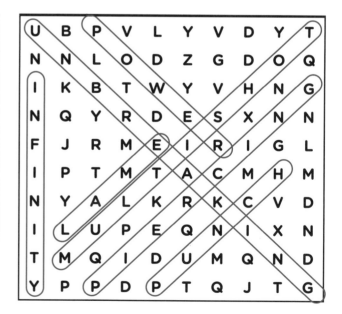

TOOLS FOR MINECRAFTERS
page 7

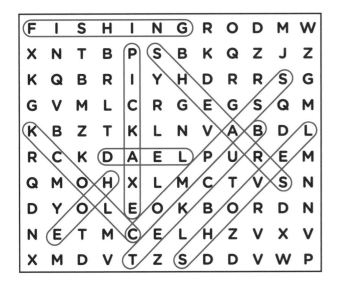

BIOMES TO EXPLORE
page 9

ARMOR 101
page 8

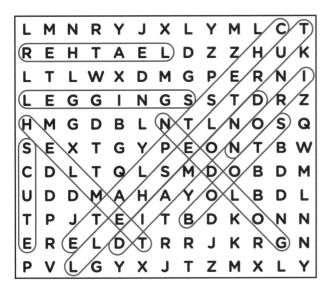

BREWING
page 10

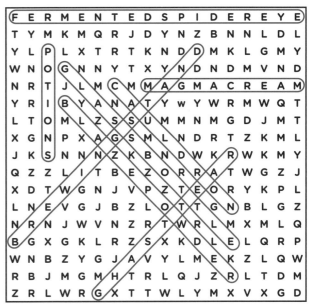

MODES OF PLAY
page 11

PASSIVE MOBS
page 13

HOSTILE MOBS
page 12

NEWISH MOBS
page 14

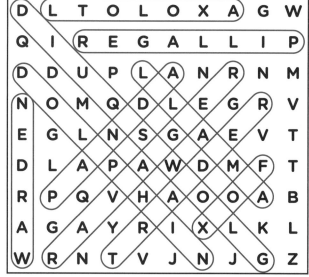

CLASSIC MOBS
page 15

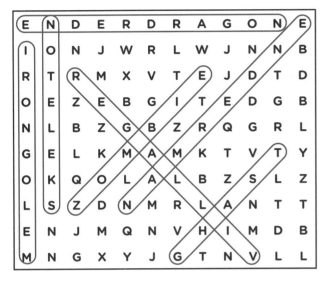

ANIMALS
page 17

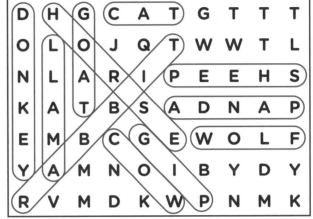

MINECRAFT DUNGEONS
page 16

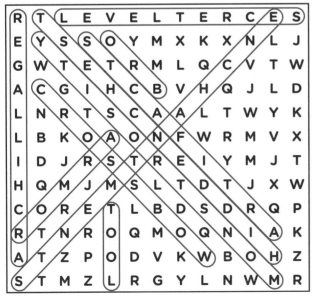

MODS
page 18

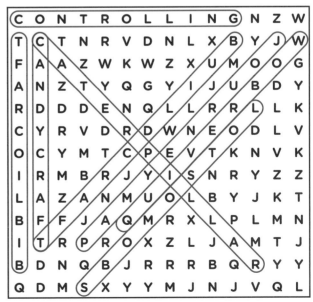

REDSTONE DEVICES
page 19

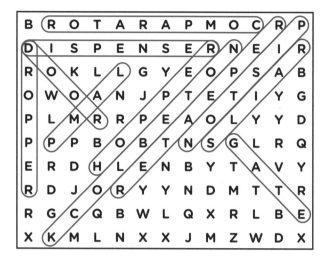

POTIONS
page 21

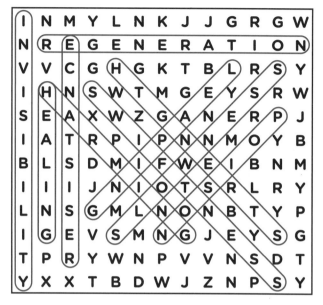

GAMING ACRONYMS
page 20

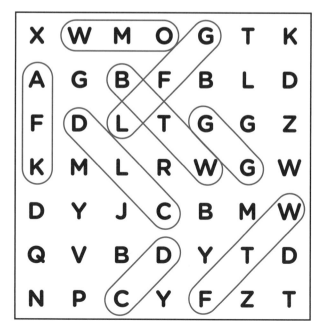

FURNITURE
page 22

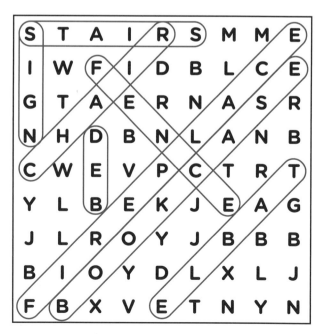

WITCHES
page 23

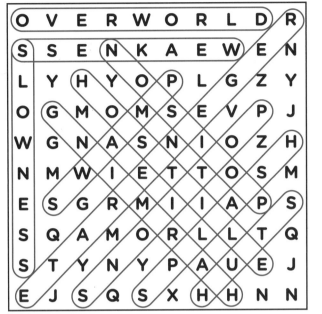

MINING
page 25

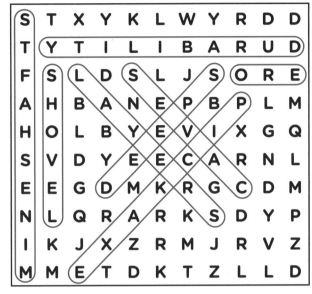

VILLAGERS
page 24

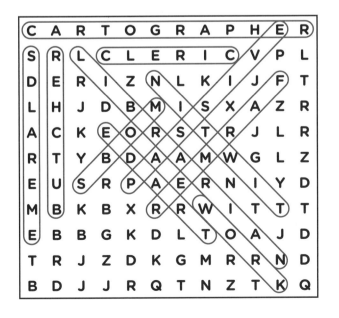

GAME OVER
page 26

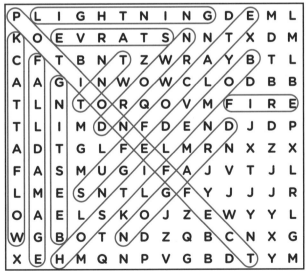

MINECRAFT AQUATIC
page 27

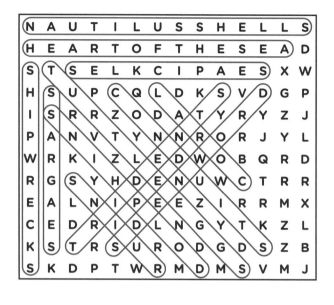

THE END
page 29

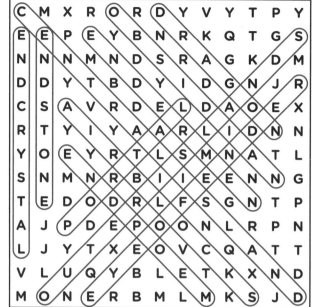

YOUTUBERS
page 28

THE NETHER
page 30

CREATIVE BUILDS
page 31

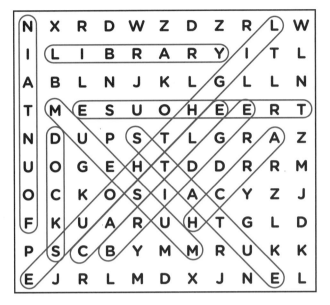

TRANSPORTATION
page 33

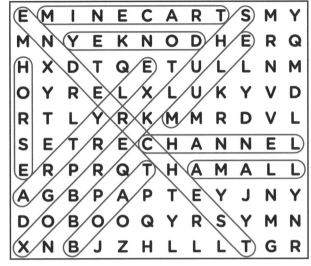

EPIC BUILDS
page 32

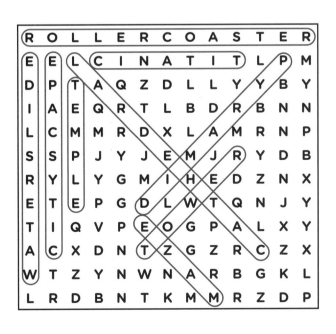

THE HISTORY OF MINECRAFT
page 34

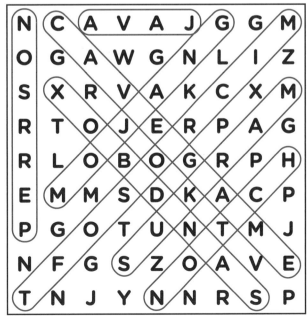

FISHING
page 35

WHY KIDS LOVE MINECRAFT
page 37

WHY PARENTS LOVE MINECRAFT
page 36

CONTAINERS
page 38

PLANTS
page 39

FLOWERS
page 41

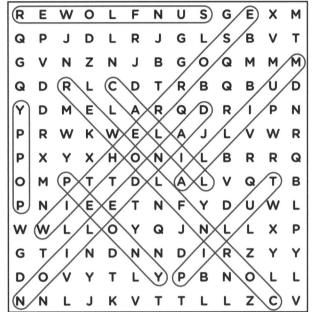

WEAPONS
page 40

POCKET EDITION
page 42

CAVES
page 43

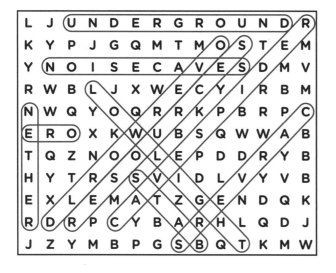

CRYSTALS AND GEMS
page 45

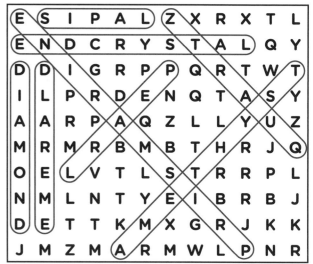

FLYING
page 44

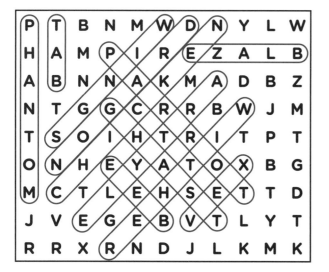

GREEN SCENE
page 46

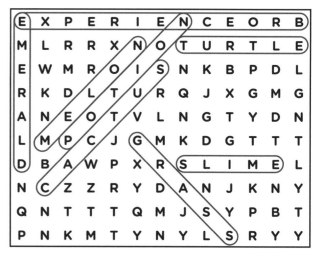

CLIMBING
page 47

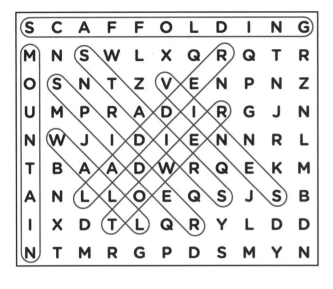

GLOW ON
page 49

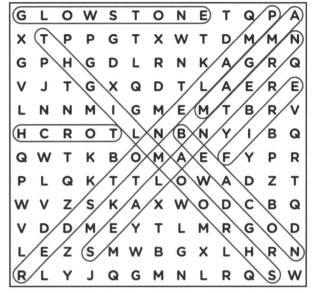

WEATHER
page 48

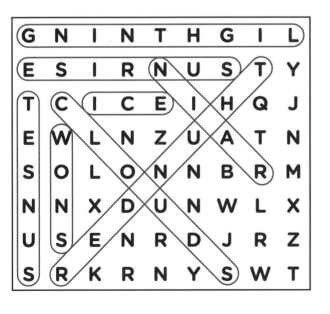

EVERYTHING RED
page 50

HELLO, YELLOW
page 51

UPDATES
page 53

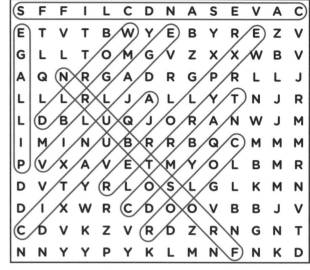

EXPERIENCE
page 52

BLUE THROUGH AND THROUGH
page 54

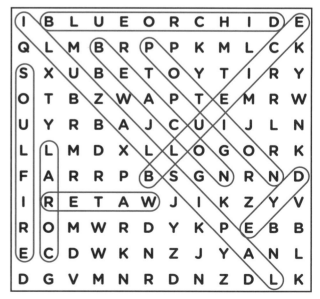

STATUS EFFECTS
page 55

HEALTH
page 57

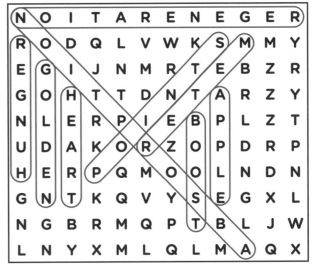

ANIMATED BLOCKS
page 56

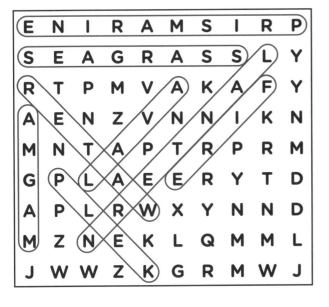

DAMAGE
page 58

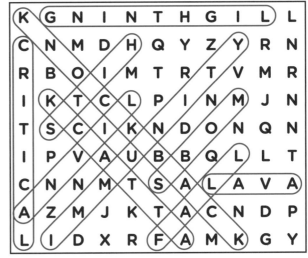

NEED FOR SPEED
page 59

MAKE A MOVE
page 61

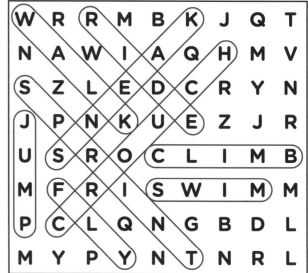

SO SLOW
page 60

TRADING
page 62

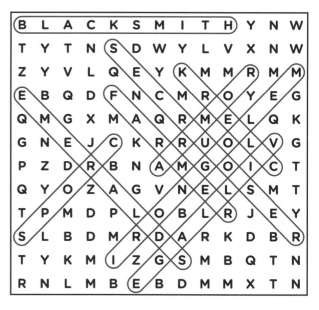

USES FOR LIGHT AND FIRE
page 63

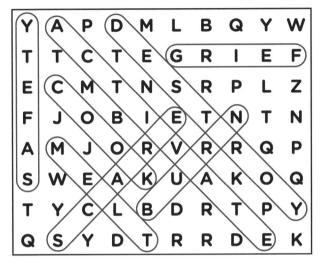

NOOB LIFE
page 65

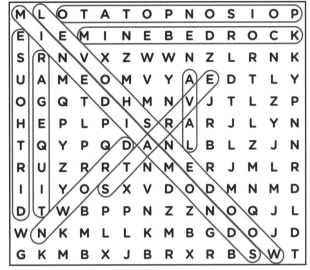

RAW MEAT
page 64

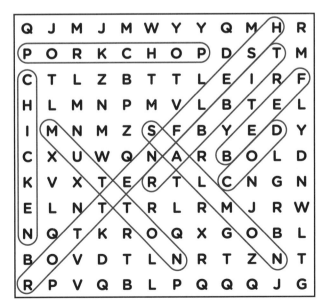

SPAWN MONSTERS
page 66

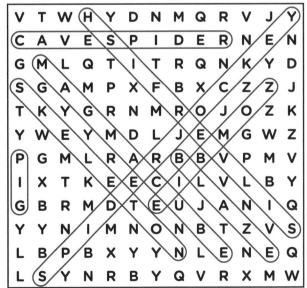

CROP FARMING
page 67

ANIMAL FARMING
page 69

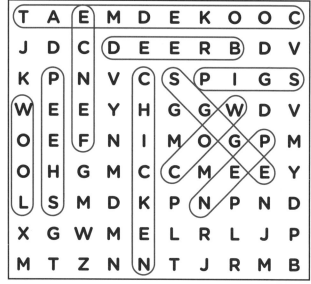

SURVIVAL MODE
page 68

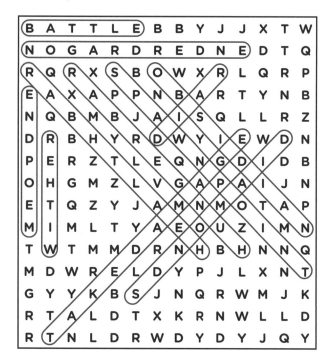

BAKING
page 70

KEY CRAFTING RECIPES
page 71

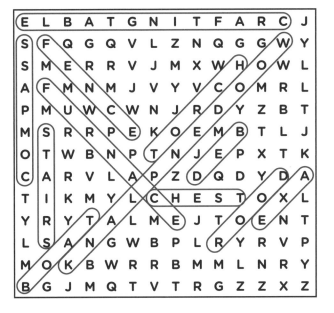

PROJECTILES
page 73

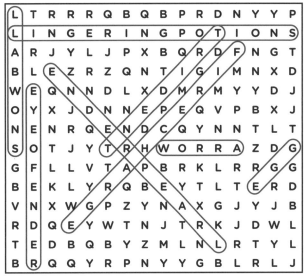

INK COLORS
page 72

UNDEAD MOBS
page 74

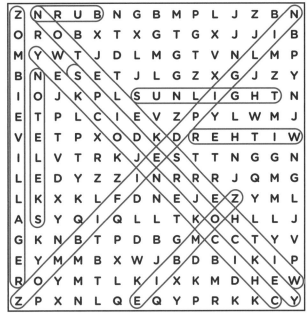

CREATIVE MODE
page 75

```
C P R B L L M N X T Q Q M Y
O R T T Y Y Q V N M N D S G
M V T M J G X N X R J P N N
M I Y D X R D P J T A I J X
A K N Q W V T R D W Y R G N
N C J V E V M N L E P M B
D O N L I X R E F D B N R X
B L Y W M N G O L Q W B I B
L B G X Y G C I L N Q D W M
O K X R S J U I L P B V D D
C C K P Y B K Q B L X J N V
K I P G R Q J Z Q L J E J G
S P N D D D M J R P E Z M T
```

DEFEATING THE ENDER DRAGON
page 77

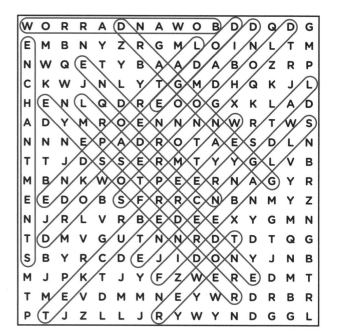

```
W O R R A D N A W O B D D Q D G
E M B N Y Z R G M L O I N L T M
N W Q E T Y B A A D A B O Z R P
C K W J N L Y T G M D H Q K J L
H E N L Q D R E O O G X K L A D
A D Y M R O E N N N N W R T W S
N N E P A D R O T A E S D L N
T J D S S E R M T Y Y G L V B
M B N K W O T P E E R N A G Y R
E E D O B S F R R C N B N M Y Z
N J R L V R B E D E E X Y G M N
T D M V G U T N N R D T D T Q G
S B Y R C D E J I D O N Y J N B
M J P K T J Y F Z W E R E D M T
T M E V D M M N E Y W R D E R R
P T J Z L L J R Y W Y N D G G L
```

SURVIVING THE FIRST NIGHT
page 76

```
C R A F T I N G T A B L E T T
W R R T N T S V L X P Y H J
O K J T I W M R M L R G Z M
O Q P R O V R D G W I B K L
D P J R P P W J W L T T Z G
E Z D J N M N K Y J Z N L M
N P K K W T G A M X W B P T
T S L Z A T D R E T L E H S
O P E B P Y R J M Y Q G J T
O R E V S M M E J T I Y L R
L D G E A P D X E N Z P Q N
T Z K R S M R M Z G B T X
```

DEFEATING THE WITHER
page 78

```
U L T I M A T E C H A L L E N G E
N P B Y Q H R T Y M M Z R T M M Z
S E B N Q E Y Y T L P N T W B N D
N X T R T A Q M Z K G V X N R M
O Z B H Q D R B Q N Z D J X J L K
I S G L E S E L P P A N E D L O G
T K L Z K R Y L J L Y G L T T Y K
O X B L N O I S O L P X E T L D M
P D I T U M B T N B P J W B Y B R
G M R B Z K Q O E R L K M L K L N
N L G W P Y S Z M S N L N M Q Z X
I M B P W P N R S W Q N Z N Y L
L L L V I K V N Q R S O Z N T J P
A D V T D B T D N L W O R T B G D
E V H G R B R J L M T B D G T L
R B M N J B Y N Q L L Y L X Z J K
```

MULTIPLAYER MODE
page 79

HEATING UP
page 81

TRAPS
page 80

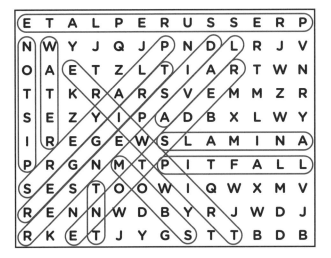

SOUNDS
page 82

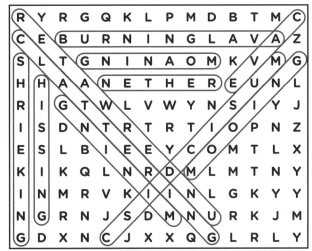

STICKY SITUATIONS
page 83

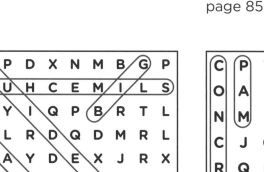

PIXEL ART
page 85

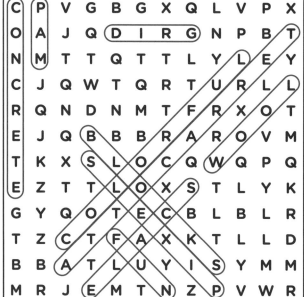

SUPER STRENGTH
page 84

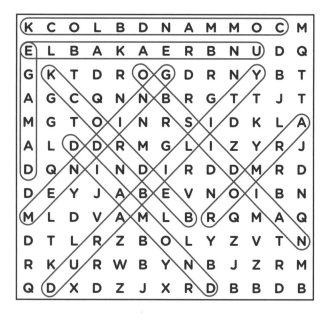

ZOMBIES
page 86

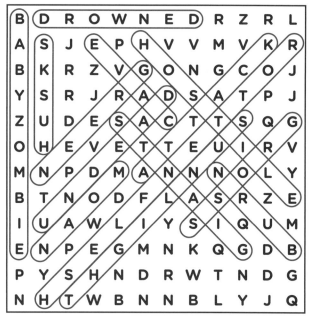

GUARDIANS
page 87

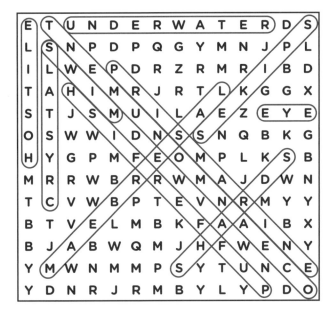

GETTING WARMER
page 89

CHILL OUT
page 88

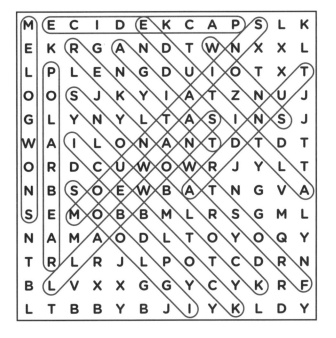

FENCES
page 90

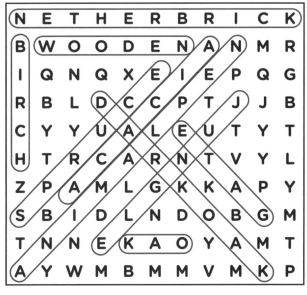

NOTE BLOCKS
page 91

TRIDENTS
page 93

SKELETONS
page 92

ALMOST POINTLESS POSSESSIONS
page 94

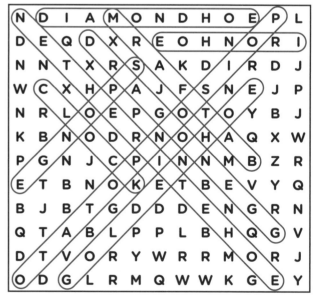

STEVE AND ALEX
page 95

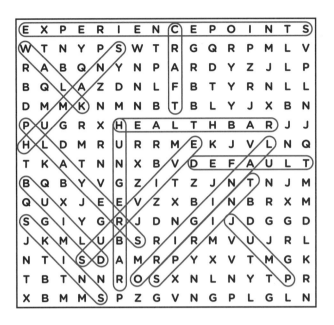

RARE FINDS
page 97

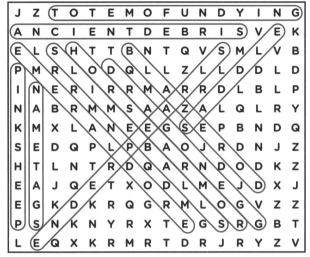

WOODLAND MANSIONS
page 96

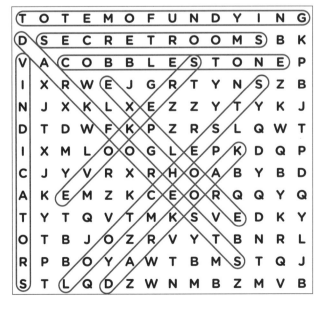

DIAMONDS
page 98

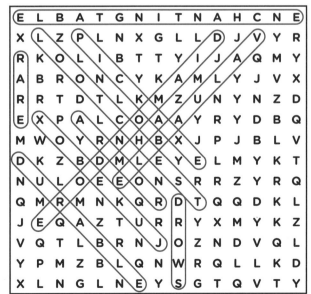

IRON GOLEMS
page 99

BABY ANIMALS
page 100

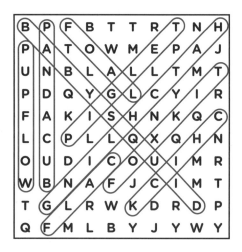

GHASTS
page 101

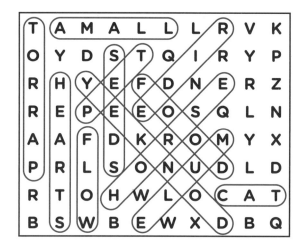

ENDERMEN
page 102

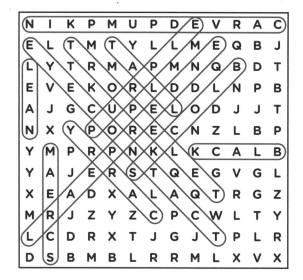

TAMING ANIMALS
page 103